経験思考

注目のSMB経営者20名の
経験"知"が切り拓くニッポンの未来

SMB企業調査実行委員会・編

文芸社

はじめに

近年、会社経営において「人的資本（Human Capital）」が注目されている。人的資本とは、「人」を資本として捉えること、いわば、人材の価値を最大限引き出したうえで、企業の中長期的な成長につなげるという考え方だ。

古くは「人は城、人は石垣、人は堀」、現代では「企業は人なり」というように、日本では人材こそ最大の財産だと言われてきた。しかし現実はどうだろう。産業構造の転換が進んでも人材マネジメントの在り方は消極的な変化にとどまり、結果、経済産業省の報告によれば、対GDP比の無形資産投資比率、無形資産投資に占める人的資本比率はどちらも低い。

確かに、個人が有する「スキル」「ノウハウ」「経験」といった無形資産は、投資効果を定量的に把握することが難しく、かつ、その生かし方は個々の持つ特性や企業を取り巻く環境にも左右される。

忘れてはならないのは、人的資本においては個人が有する無形資産を柔軟に捉えたうえで、いかにして経営に落とし込むかという視点だ。

そこで本書では、経営者の持つ「経験」を可視化することをテーマとした。従業員の人生を背負いながら、強い責任感をもって世の中に働きかける経営者の経験・思考は、その所属組織を超えて、社会にとっての貴重な資産であり、多くの学びとヒントを秘めている。

本書で取り上げるのは、SMB領域（Small to Medium Business　従業員数～五〇〇名の企業群の総称）の二〇名の経営者である。日本の企業の九九・七パーセントは中小企業であり、全GDPの半数以上を占めている。日本経済を支えているといっても過言ではない中小企業の成長が、社会の発展においてカギとなるはずだ。

経営者たちは、業界や経験も多種多様だが、「想い」や「野心」を胸に、思考と検証を繰り返しながら今日まで歩んできた点で共通している。その過程で養われた経験は、現経営者や経営者を志す人はもちろん、幅広いビジネスマンに確かな指針を与えてくれるだろう。

本書に登場する経営者たちの経験が、皆さま方の経営や人生を探る一助となれば幸甚である。

もくじ

01 全ての人がデジタルの力を身につけて、イキイキと働ける社会をつくる

コクー株式会社

代表取締役CEO 入江 雄介

■〒101-0051 東京都千代田区神田神保町３-29 帝国書院ビル５階

Tel 03-3527-1167

■ https://cocoo.co.jp/

社員一人ひとりが当事者意識を持ち、活躍できる会社を目指して

　最初に起業したのは一九歳の時です。しかし、当時はちょうどインターネットの急成長期で「これからの時代に起業するならITだ」と思い、一年で事業をたたみました。

　サラリーマンとなった私は、SI（システムインテグレーション）業界に身を置き、エンジニアとしての経験を積みました。顧客先に常駐し、プロジェクトを進めていく中で「自分はどこの会社の人間なのだろうか」と感じるようになり、業界全体に蔓延する帰属意識の薄さにも気づきました。その道のプロフェッショナルが集まっているにもかかわらず、そもそも社員同士が交流する機会がなく、成長に向けた知見を得ることや、切磋琢磨する機会も非常に限られていました。もっと自分の意志を会社に反映させてモチベーション高く働きたいと思い、二度目の起業に至りました。

　顧客先に常駐していても、社員それぞれが当事者意識を持ち自発的に働けば、より良い製品やサービスを生み出すことができるのではないか。それが顧客満足度を高めていくことになるだろうと。社員同士が温かみのあるコミュニケーションをとり、切磋琢磨し、日々挑戦・成長できるような会社を目指しています。

デジタルテクノロジーで社会課題の解決を目指す

当社は「人財」×「デジタル」で社会のDX化を支援し、労働力人口の減少による人手不足の問題にアプローチし解決することで企業として成長・発展し、より良い社会に貢献することを目指しています。現在は「ITインフラ事業」「EXCEL女子事業」「デジタルマーケティング事業」「RPA事業」「REALVOICE事業」の五つの事業を展開しています。最も力を入れているのが、パソコン業務の自動化を推進する「RPA事業」です。

頭脳であるAIに対して、手足の役割を持つのがRPA（ロボットによる業務の自動化）です。人口減少が加速する中でも成長を遂げるには、人手を介していた作業を自動化し、生産性を上げることが重要です。そこで当社は「マクロマン」というRPAツールを開発しました。導入のハードルを下げるため、完全無料で提供しています。導入後にRPAツールを使いこなせる人材が育成できず運用が進まないという顧客に対しては、開発や運用サポートを請け負う「RPA女子」を組織。「受託」「常駐派遣」「スポット派遣」と、現場ニーズに合わせた柔軟できめ細かいサポートを提供し、顧客の課題を解決しています。

女性の観点、女性の活躍が企業を成長させる

これまで男性社会のイメージが強かったＩＴ業界ですが、近年は女性の比率が増えてきました。当社もかつては男性比率が高い会社でしたが、今では社員約七〇〇名のうち八割が女性です。多くの女性社員が「インフラ女子」「ＥＸＣＥＬ女子」「デジマ女子」「ＲＰＡ女子」として活躍しています。人財教育ノウハウも充実しており、例えばＩＴインフラ事業の研修である「VeXUS（ヴェクサス）」は、未経験者でも短期間で即戦力のスペシャリストに養成。ＩＴエンジニアを目指す方のための研修として実施しています。

採用ブログ等の情報発信をきっかけに女性社員が増え、社内の雰囲気が明るくなり、以前よりも社内のコミュニケーションが活性化して、いろいろな観点の意見を耳にするようになりました。

例えば育休については、女性社員が増える一方で「休むと疎外感を感じてしまう」「制度について不安がある」といった声が多く寄せられました。出産・育児に合わせて女性が仕事を休むのは当然です。私も配慮していると思っていましたが、気づかない部分がありました。こうした社員の心情を実感し、会社として制度の改善に向けて動けるようになりました。隠れていた課題が可視化され、解決できたときには、会社としての成長に手応えを感じます。

今では求人広告費を増やさなくても毎月一〇〇〇人ほどの応募があり、社員の紹介による応募も増加しています。

社員からの声で多いのが「積極的に情報を発信したい」というもの。当社に入社する方の八割以上が未経験の女性です。多くの方が、先輩社員が書いた採用ブログを読み、入社動機や成長過程、活躍の様子に共感して、コクーへの入社を決断しています。そしてその社員も、今度は自分が新しい採用ブログ記事を書いて後輩に読んでもらいたいと言ってくれています。社員発の情報開示によって、理想的な採用サイクルが続いています。

ギャップを埋められるのは多様な「人財」

当社は「デジタルの力でダイバーシティ&インクルージョンがあたりまえの社会を創る」をパーパス（社会的存在意義）として掲げています。全ての事業に共通するのが、「社会問題の解決」を軸としながら、少子高齢化の進行による人材不足を補い、多様な属性の人がイキイキと働けるような環境を創る点です。あるシンクタンクの調査によれば、二〇三〇年時点での労働需給状況は、六四四万人の人手不足。つまり労働需要に対して、六〇〇万人分以上の人手が足りなくなると予測されています。ギャップを埋めるための手段として、人口を増やすことは、現実的に考えて難しいでしょう。問題解決のために、我々は二つの力に注目しています。「人財」と「デジタル」です。性別や年齢、国籍などに関係なく、誰もがデジタルの力を身につけてイキイキと働けるようになれば、ギャップが解消され、日本の社会が元気になる。これが我々のパーパスなのです。

ダイバーシティ情報の発信から共感が生まれる

noteのオープン社内報を通じて、人的資本に関する情報を公開しています。例えば「コクーが掲げるダイバーシティの考え方」「女性管理職の比率」など、投資家や取引先、転職希望者の方にも興味を持ってお読みいただいています。

私たちにとってダイバーシティの情報は、ビジネスの可能性を生み出すものです。上場を見据えて「いずれ義務になるから」と、先行して開示しているわけではありません。

女性、シニア、外国人、障がい者、ＬＧＢＴＱ……社会を構成する多様な属性の人たちがデジタルスキルを身につけて、それぞれの視点や思考を生かすことができれば、社会はもっと良くなる。このパーパスに一人でも多くの人に共感してもらえるように、情報は可能な限り開示しています。

人的資本などの情報開示をしたことで、売上への効果もありました。当社の長期経営計画『ＶＩＳＩＯＮ２０３０』は、日本を元気にするための人的資本や地方創生への思いを重点テーマに盛り込んでおり、これをnoteで開示したところ、同じ思いの方から、「実現に向けて一緒に取り組みたい」と話をいただきました。noteやブログは、私たちの事業にかける思いを自由に表現できるオウンドメディアです。ピッチや報告書よりも、取引先や投資家の方からの信頼や共感を得られるものと考えています。経営の大前提である信頼を獲得できるオウンドメディアでの情報開示は、当社にとってとても重要な広報手段なのです。

事業の成長、社員の満足を実現した先の「日本一」

生産性を圧倒的に上げていくためには、デジタルテクノロジーの普及が不可欠です。当社が目指すのは、「みんながＩＴを使える社会」。ＲＰＡ事業をさらに成長させ、目標は「業界Ｎｏ．１」「ダウンロード社数ＮＯ．１」に据えています。そのために、ＲＰＡツールの「マクロマン」を無料で提供し、惜しみないサポートを行っています。

誰もが費用負担なく使えますので、学生のＲＰＡ学習にも使ってもらえます。近い将来、面接で「何が使えますか？」と聞かれた就活生たちが「マクロマン」と答えてくれるシーンを夢見て、学校教育でのサポートにも力を入れていきます。

また、企業としての目標は「従業員満足度で日本一」です。「日本一」の指標は、「働きがいのある会社Ｎｏ．１」×「女性活躍推進企業Ｎｏ．１」だと考えています。女性がライフステージに合わせて、働き方を自由に選択できるように、社員一人ひとりの課題を解決し、より良い環境作りに取り組んでいきたいです。

失敗を恐れず、思うように行動すればいい

私は生き方として、「カッコいいか、カッコ悪いか」というシンプルな物差しを大切にしています。十代で起業してＣＥＯになろうと考えたのも、それがカッコいいと思ったからです。そして年齢とともに、カッコよさの概念に変化が見えてきました。今の私がカッコいいと思えるのは、「社会のため、社員のために行動する」ことなのです。チャレンジし続けていると、そうそう上手くはいきません。失敗することの方が圧倒的に多いのですが、私のモットーは「死ぬこと意外はかすり傷」です。どんなに失敗しても、死ななければ大丈夫。「傷ついても大したことはない」と思うことで悩みなんて吹き飛んで、カッコよく生きられます。何より、思い立った瞬間にチャレンジができます。チャレンジと言っても大袈裟に考えず、小さな一歩でいいのです。もし失敗しても修正できます。思いのままに行動すればいい。人生はたった一度です。失敗を恐れず、常に全力で行動することを意識しています。

02 暗くなりがちな儀式に エンタテインメント性を持ち込み、感動を演出する

株式会社ハウスボートクラブ

代表取締役社長 **赤羽 真聡**

■〒135-0002 東京都江東区住吉１丁目16番13号
リードシー住吉ビル ３階
Tel 03-6659-9801
■https://hbclub.co.jp/

下町の情緒が漂う、東京江東区・住吉。そこに本拠を置き、海洋散骨を主軸とする人生の終わりをプロデュースするのが、株式会社ハウスボートクラブです。

同社代表である赤羽氏は「終活×エンタテインメント」というポリシーを掲げ、葬送を悲しみだけではなく、喜びや楽しさを感じられる時間として演出するサービスを提供しています。

新しい形の「弔い方」を事業の柱に

二〇二四年で、会社設立から一八年目を迎えました。事業内容は創業当時から行っている「海洋散骨事業」と、二〇二二年に親会社から譲り受けた「お別れ会・偲ぶ会のプロデュース事業」です。

また二〇二三年からは、「旅行サービス」と「墓じまいのサポート事業」も始めました。現在のところ、お墓の跡継ぎ問題で悩む人や理想の供養方法を求める人たちに向け、墓じまいと海洋散骨の提供に特に力を入れています。

海洋散骨というのは、文字通り故人の遺骨を海に撒く、自然に還る葬送方法です。もちろん、遺骨をそのまま海に撒くわけではありません。細かな粉末状にして、遺骨と分からない状態にしてから散骨します。映画などで目にしたことがあるかもしれませんが、実際に経験したことのある方はまだ多くはないでしょう。しかしながら、昨今の少子化やお墓の管理の手間などから、「お墓ではなく海の中で眠りたい」と望むご本人からのニーズも数多くいただいています。価値観の多様化が容認される現代ですから、希望されるご遺族は今後も増えていくと見ています。

お別れ会は、すでに多くの方々がご存じでしょう。亡くなった著名人のお別れ会などはニュースで報じられることもよくあります。これをプロデュースする事業も手がけています。

旅行サービスは文字通りですが、これが海洋散骨と関連してきます。また墓じまいサービスは、私たちの事業としては、いちばん新しいものです。これも少子化の影響ですが、代々続いてきたお墓の管理に困っている方は多いはずです。お寺や霊園側とも相談しながら墓じまいをし、海洋散骨のほか、新たな供養先をご紹介して引越し完了までお手伝いをする、というものです。現在、私たちが手がけているのは、この四つのサービスです。

終活や供養に「楽しさ」を取り入れる

葬儀というのは、どうしても暗いイメージがつきまといます。確かに大切な方とのお別れは大きな悲しみを生みますし、二度と会えないという現実は重たいものです。ですが海洋散骨やお別れ会・偲ぶ会は、その悲しみが落ち着いた頃に行うもの。それなら、悲しみを楽しい思い出に変えてほしいと私たちは考えています。

私たちが手がける旅行サービスというのが、そこにつながっているのです。故人と一緒に旅した土地や思い出の場所を巡ったり、お気に入りのレストランで好きだった料理を楽しんだり。アウトドア好きな方だったなら、青空の下でゆったり過ごす……というのも良いでしょう。自由な発想で楽しんでいただいて、それを新たな思い出としてお持ち帰りいただきたいのです。

またご年配の方ならば、自らの人生のしまい方、終活を進めている方もいらっしゃるでしょう。でも何から始めていいかわからなかったり、エンディングノートを書いても途中でやめてしまったりする人が多いのではないでしょうか。

だったら楽しいことから始めればいい、というのが私たちの考えです。ご夫婦ご健在なら、二人きりで旅行を楽しんでみたり、出会った頃に通ったお店や、旅した土地を訪れてみたり。すでにパートナーに先立たれた方ならば、思い出の場所を一人で巡るのも良いかもしれません。ご自身の来し方を子どもたちに伝え、代をつないでいく、というやり方もあります。

私たちは、自社で提供している一連のサービスを「終活×エンタテインメント」と捉えています。海洋散骨式やお別れ会・偲ぶ会というのは、故人を偲び、思い出を語り合う場です。それなら楽しく語り合っていただく方がいい。そのイベントのストーリーをどのように描き、プランニングするか。それが私たちの価値だと考えています。

ストーリーはセレモニーの後も続いていく

一般的に行われている葬儀のあり方を、私は否定しません。ただ、後に遺されたご遺族の方々からすれば、お通夜をして、納骨して、それで終わりではないはずです。大切な人との思い出やそこにまつわる感情は、葬儀が終わった後もずっと続いていきます。

ですから一周忌や三回忌など、節目ごとのセレモニーは、少しでも故人を身近に感じられるように、また参加者の方々が楽しめるようにプロデュースしたいと考えています。

また、旅立つ方から遺される方へのメッセージというものも考えています。たとえばご夫婦がお元気なうちに、お子さんに向けてビデオメッセージを撮っておくのです。それを私たちがアーカイブとして保管しておいて、何十年か過ぎた時、お子さんの結婚や出産といったタイミングで、お届けする。もしその時にご両親のいずれかが亡くなられていたら、故人からの思いがけないプレゼントになります。

亡くなられた方が、どのように自分を思いやってくれていたのか、知ることができるでしょう。これもまた、私たちが考える終活×エンタテインメントなのです。

海洋散骨への理解は広がっている

海洋散骨の認知度はまだまだ低く、違法性を疑う方も多いようです。実際のところ、海洋散骨について明文化した法律はないのですが、それがかえって曖昧さを生み、過去には海洋散骨そのものがグレーな行為と見られていた時期もありました。

そのため利用者や事業者のモラルやマナーに委ねられる部分が多く、海洋散骨が世間に知られるにしたがって、ルールを求める声も高まりました。そこで、せっかく広がりつつある海洋散骨を安全に世の中に普及させるべく、当社の創業者を含む多くの同業各社が関わって二〇一四年に「一般社団法人日本海洋散骨協会」が発足、散骨に関するガイドラインが策定されました。尚、このガイドラインをもとにして、二〇二一年には厚生労働省から「散骨に関するガイドライン」が発表されています。

散骨に関して国で規制する法律はありませんが、一方で、自治体が個別に散骨を制限しているケースもあります。特に観光やマリンレジャーに力を入れている自治体は厳しい規制が設けられている場合があります。違法性はないとはいえ、まだまだ心情的に受け入れられない、といった声も少なからず聞こえます。しかしながら、散骨に関するご相談は創業から右肩上がりで増加しており、散骨を経験した方からは非常に肯定的な意見を数多くいただいていますので、少しずつ世の中の認知も変化してきていると考えています。

お客様の想いに応え、感動演出

実際の業務では、コーディネーターはお客様からできるだけ多くのお話を伺い、サービスに反映することに努めています。亡くなられた方がどんなお人柄で、どんな生活をしていたのか。好きなものや好きな場所、そしてどんな思い出をお持ちなのか。

もちろんご遺族としては「話したくない」という部分もありますから、お話を伺うにも限界はあります。ですが少しでもお話をいただければ、セレモニーの進行や演出、BGMなど細かな部分にも故人らしさが反映できます。それによって、お別れ会・偲ぶ会そのものがより深いものになりますし、参加する方々の印象に残るものにできます。

私たちのポリシーのひとつに「できるだけお客様のご要望に沿うこと」というものがあります。もちろん、中には難しい注文もあるのですが、どうすればご期待に応えることができるか、代案を出すなどして対応します。少なくとも「できません」とは決して言いません。そうした姿勢があってこそ、深い感動を提供できると考えるからです。

その一つの例を挙げれば、遺骨とともに海に撒くお花です。海に撒く遺骨に花を手向けたい。これはご遺族にとっては当然の感情です。ですが環境保護の観点から見ると、リボンやセロハン、銀紙などがそのままでは、環境破壊につながる恐れがあり、好ましくはありません。最近ではSDGSや環境への関心の高いお客様も多くいらっしゃるため、もっと環境負荷の少ないものはないかと探したところ、海水に溶けるエコフラワーというものにたどりつきました。これなら環境に負荷をかけず、しかもご遺族のお気持ちをくみ取ることもできます。

経験から学んだ「やり抜く力」

これまでの職歴の中でいろいろなことを経験してきて、その多くが実際の業務の中に生きていると感じています。中でも大きいのが「やり抜く力」です。これは楽天時代に学ばせていただきました。

楽天在籍時は、東北楽天ゴールデンイーグルスの運営に関わっていましたが、球場に足を運んでいただくにしろ、イベントにご来場いただくにしろ、対象が野球ファン、楽天ファンの方々ならば、広告を打てばそれで済むのです。しかし当時の私のミッションは、ファン層の拡大。つまり「楽天にも野球にもあまり興味のない方々を、どのように引き込むか」ということです。

「その発想は、ちょっと無理があるでしょう」というのが正直なところでした。ですがそれをやらないと、ファン層の広がりが見込めない。最初からあきらめてしまったら、何もできません。何ができるかを考え抜き、試してみて、成果が上がればさらにブラッシュアップして……を繰り返しました。

海洋散骨でも同じです。「終活×旅行で人生の締めくくりを」なんて広告は、なかなか打てません。「そんなニーズがあるのか」と言われたこともあります。ですが私たちは散骨に墓じまいサポート、お別れ会に旅行と、複数のサービスを持っています。これをつなぎ合わせて提供すれば、必ずニーズは掘り起こせます。良質なサービスと世界観を構築できれば、あとはやり抜くだけです。この粘り強さは、私が経験の中で学んだ大きな力だろうと思います。

故人様のストーリーを組み立て、世界観をつくりあげる

具体的なお話はまだできないのですが、今後は現在展開している四つの事業、それぞれをつなぎ合わせて、新たなサービスを提供することを考えています。

私たちはサービサーですから、お客様に寄り添い、その願いを実現することが責務です。またお客様が求めるサービスを生み出せれば、それは事業として成立するはず。つまりビジネスの答えは、お客様の中にあるのです。だからこそお客様が何を望み、何を求めているのかを知ることが重要で、そこから新たなサービスが生まれていくのでしょう。

私の役割は、当社が「やるべきこと」「やりたいこと」を数多く生み出しスタッフに伝

え続けることです。なので、スタッフみんなが見える場所にホワイトボードを置いて様々なアイデアを書き出しています。ところが、それがすぐにいっぱいになってしまって……。ホワイトボードをもう一つ、増やすことを検討しています。

ともあれ、私たちの仕事はお客様に感動を提供すること。ですから重要なのは、自分たちがワクワクするような、世界観とストーリーのあるプラン作りを続けていきたい。それと並行して、海洋散骨の認知度を高める活動を今後も進めていきたいと思っています。

03 予期せぬキャリアの始まり 現場に答えを見出す、パワハラ予防・対策のトップランナー

湯澤社会保険労務士事務所

代表　湯澤 悟

■〒103-0004　東京都中央区東日本橋３-６-６　さつきビル５階

Tel 03-3249-0777

■https://office-yuzawa.com/

現場ごとに課題は違うから、教科書的な内容は話さない・話せない

当所は、パワハラ予防・対策の高難度労務問題の解決支援に特化した社会保険労務士事務所です。二〇〇二年に事務所を立ち上げてから二二年、パワハラ予防・対策を専門にしてからは一〇年以上になります。大手企業等を対象にしたパワハラ対策研修・コンプライアンス研修は七〇〇〇回、受講者は四万八〇〇〇人を超えていて、日本のパワハラ予防・対策の第一線を走り続けていると自認しています。

私が提供するパワハラ研修の特徴は、踏み込みにくい部分まで踏み込んだうえで、受講者に「一緒に考えましょう」と現場に目線を合わせることです。パワハラって、真っ白であることも真っ黒であることも少なくて、現場の状況によって見方が変わります。労務管理の原理原則は「経営の効率化」と「人間性の尊重」の併存と調和。このバランスをとりながら何が大切かを考える必要があるのです。そのためには、現場、もっと言うと「人」をしっかりと見ることが大切です。

法律や判例といった教科書的な内容は、基本、話しません。受講者に質問を投げかけて自問自答してもらい、新たな価値観を持ってもらうことを目的としています。知識を詰め込むだけだと受講者は飽きてしまうし、聞いたことを自分ごととして捉えられません。何より、人によって状況が違うのに教科書的な話をしても、パワハラをなくすことはできな

いと考えるからです。

税理士を目指していた当時

実は、元々、私は税理士を目指していました。親戚の税理士に話を聞いて中学生の頃から憧れていたのです。高校の商業科で勉強や資格取得を頑張って、私の通っていた高校から新入社員を採用し、毎年経理に配属している会社に入社できました。けれど、私の配属先は、まさかの人事部でした。

後から聞いた話ですが、その会社では親会社から天下りのような形で入社した六八歳の方が人事労務を担当していて、職人気質の厳しい性格だったので、大卒だと喧嘩になるだろう、という考えから私が配属されたようでした。

その上司は本当に厳しかった。一方で、短い労働時間の中で仕事を全うするし、他人に厳しい以上に本当に自分に厳しい方だったので、尊敬もできたのです。そんな中で、バブル崩壊に伴う会社のリストラが始まって、上司がリストラされることになりました。

最後の出勤日、仕事を終えた上司をエレベーター前で見送るときでした。上司がボソッと言ってくださったのです。「湯澤君。君ならできるから頑張りなさい」と。褒められたのは最初で最後、その一度だけでしたから、認めてくださった喜びは今でも忘れられません。その言葉は今の私の出発点であり、苦しいときには、今でも力強く背中を押してくれます。

キャリアの潮目が変わったのは、それから二社の人事部門を経て、四社目の転職活動をしているときでした。当時、私は社会人歴一〇年。人材紹介会社を利用しながら約八〇社に応募したのですが、どこも書類選考すら通過できなくて。高卒で四度目の転職となると、その当時は回数が多すぎたのでしょう。「もう就職はできない」とやむなく独立することを考えました。最後に在籍した会社で社労士試験に合格していたこともあり、会社の顧問社労士の先生に、現状の報告を兼ねてご挨拶に行きました。その先生が声をかけてくださって、クライアント常駐型の社労士として業務委託で働き始めることができました。

クライアント常駐型の社労士は当時としてはかなり珍しかったのですが、予想に反してニーズがあり、「湯澤さん、この会社もお願いできる?」というように、お客様の紹介で仕事が増えていきました。ですが、常駐型でやっていると時間などに制約がありますから、せっかく頂いた依頼をお断りせざるを得なくなります。それで、創業から四年目の二〇〇六年、東京都中央区に湯澤社会保険労務士事務所を構えて外から支援するスタイルにシフトしました。

パワハラ予防・対策に特化したワケ

パワハラ予防・対策に力を入れ始めたのは二〇一三年。ある養成講座に参加したとき、先生が「ニッチな分野でNO．1を目指しなさい」と教えてくださったのでした。スタートはあくまで、社労士という業界で生き残るために差別化を図ろう、という戦略的なものでした。

どんな分野がニッチなのか、情報を集める中で目にとまったのが、「パワハラ予防・対策」という言葉でした。二〇一二年は、厚生労働省が公表する民事上の個別労働紛争の相談件数で、「いじめ・嫌がらせ」が「解雇」の相談件数を抜いて初めて第一位になった年でした。「大人がいじめや嫌がらせを？」と気になって詳しく調べたら「パワーハラスメント」という言葉が出てきて、じゃあパワハラを予防・対策をしている人ってどんな人なんだろう？　と探したのですが、予防・対策をしている人は出てこなかったのです。

出てくるのは、パワハラが起きたあとの「対処」に関することばかり。病気と一緒でパワハラを未然に防ぐことが大事なんじゃないのかと思い、パワハラ予防・対策の専門家を目指そうと決めて、自分がトップになるなら「日本からパワハラを絶対に根絶したい！」と大きな旗を掲げました。

四時間三〇分のリハーサルを四〇回

トップを目指そうと思ったはいいものの、何の実績もない私には声がかかりません。そこで最初は、ハラスメント防止活動に力を入れている団体でコンサルタントの資格を取って、その団体の派遣講師として活動を始めました。研修やセミナー経験を積むうちに見えてきたのが、「ニーズに応えるためには、もっと奥深く現場に寄り添う必要がある」という視点でした。団体に所属しているうちは指定の教材を使う必要があったので、私は覚悟をもってその教材は使わず、自分なりのやり方で研修をすることに決めました。

飛躍できたきっかけは覚悟を決めた後、過去に私のセミナーを聞いた大手企業の方から、企業内研修のご依頼を頂いたことです。頼まれたのは、約八〇〇人の部長職を対象にした四時間三〇分×一四回の研修でした。受講者はみなさん歳上、そして、結果を出してきた百戦錬磨の方々です。中途半端な研修をすれば、「この講師はダメだ」とすぐに見抜かれてしまいます。絶対に成功させたかった私は、様々な場面を想定して四時間三〇分のリハーサルを四〇回行って本番に臨みました。

有難いことに、その研修が好評で、本社から支社、そして他社へと広がっていきました。ご依頼は年々増え、多いときは年に一一〇回近く研修をしましたね。

印象に残っているエピソードがあります。とある企業でパワハラ行為者の〝可能性がある人〟を対象にした研修をしたとき、「この研修に自分が呼ばれた意味が分からない」と斜めを向いていた方がいました。そんな方が、研修後に「何で自分が呼ばれたのかの意味が分かった気がします」「ありがとうございました」と言ってくださったのです。

研修のとき、私は受講者に「変わってください」と言葉で伝えることは絶対にありません。その代わり心の奥では、昔自分が言ってもらったように「あなたならできる」と信じながら研修をしています。私の研修を通じてご自身の中に気付きがあった。それを直接目にすることができて本当に嬉しく思いました。

ところで、私の研修の準備の仕方は少し変わっています。ご依頼を頂いたら、投影スライド案を作りタイムテーブルを決めてから話す内容を概ね固めて、最後にカリキュラム案に落とし込みます。先にカリキュラム案を作るのが一般的なやり方なので、私のやり方は真逆ですね。時間以内に収まりきらず、信頼損失につながるケースは多い。だから私は、最初に時間オーバーしない基盤を作ります。そうすると、例えばお客様から「ここの内容を変えてほしい」と頼まれても、「ここは五分だから、五分のコンテンツに差し替えよう」と考えればいいだけなので、絶対に時間オーバーすることはありません。時間内にきっちり収まっていることで、お客様から驚かれます。

パワハラのない未来を目指す

近いうちに始めるのが「対個人向け」のマネジメントプログラムです。企業の集合研修だと、どうしても特定の方をターゲットにすることはできません。「あの人に気付いてもらいたい」とご依頼を頂くケースもあるのですが、全体に合わせて内容を薄めないといけませんから、そうもいかず、結局、必要とする個人に届けることはできないのです。今後は、より個人に伴走できる体制を整えていきたいと思っています。

「二〇四五年までに日本からパワハラを根絶する」というのが現在の私のビジョンです。信じている人は周りにいないと思うし、確かに完全になくすことは難しいのかもしれない。けれど私は本気で目指しています。

二〇四五年、私は七二歳になります。そのときに日本からパワハラが完全になくなったと認識できれば、私はこの業界から身を引きます。そうしたら、次は子どもの教育など、自分がしてきたことを他の現場に還元したいですね。生きている限り、自分の才能を使って何かしらの形で社会に貢献し続けられたらと思っています。

04 校務効率化における革命児 一校一校に応じた フルカスタマイズのシステムを開発

システテックITソリューション株式会社

代表取締役　市 克吉

■〒708-0824　岡山県津山市沼6-8

Tel 0868-25-2131

■https://www.systech-its.co.jp/

唯一無二の校務支援システム「Major School System」

当社は、主に私立高等学校向けに、校務支援システム「Major School System（メジャー・スクール・システム）」を開発・提供している会社です。成績管理・出欠管理・入試管理・進路管理など、校務を幅広く支援しています。

会社としてのモットーは、「打てば響くシステム創り」で、一校一校に合わせてシステムをフルカスタマイズします。一般的に、多くの企業は校務支援システムをパッケージ化したうえで、それを売る営業をしますが、当社の場合、パッケージはあくまで自社を知ってもらうためのきっかけにすぎません。パッケージそのものを売るのではなく、お客様の抱える課題に応じて必要な機能を搭載する。「売らない営業」と言い換えることもできるでしょう。

他にもいくつかの特徴があって、例えば、システムの納品は三回に分けます。途中段階までカスタマイズしたシステムを実際に先生方に確認いただくことで、「ここはもっとこうしてほしい」「この機能が足りない」といった具体的な意見を頂戴できますし、それらの意見をシステムに反映させながら、最後の納品時にはすべてのニーズを盛り込んだ状態にしていきます。さらに、先生方は操作にある程度慣れた段階で運用をスタートできますから、現場にスムーズに浸透します。初回ヒアリング時に全体のボリューム感をはかった上で見積もりを出すので、仮に途中で機能の変更や追加があっても、新たに料金が発生することはありません。

ただそれでも、「こんなに安くていいんですか?」と驚かれることがあります。当社では、非常に生産性の高い超高速開発ツール「Magic xpa」を使っていて、フルカスタマイズだけど低価格、加えて短納期という三点を実現させています。

校務支援システムの開発に至った経緯

私は大学を卒業後、大阪で自転車の部品や健康器具を製造する会社に勤めましたが、父の急逝に伴い二年後に地元の岡山県北部に帰ってきて、日本システテック株式会社岡山支社に平成三年に入社しました。当時は、パソコンLANが世の中に出始めた頃。岡山支社では、大手企業からの受託を中心に各運営工場の生産管理システムを創っていて、「時代の最先端に関わることができる」という魅力を感じての入社でした。

しかし、当時岡山支社の従業員は私含めて三人しかおらず、システム創りで行き詰まった時に頼れる人が周りにいなかったこともあって困難続き。最初のうちは、「このシステムを創りあげたらもう辞めよう」と考えてばかりいました。けれど三年がたったころ、自分たちが創ったシステムが現場で役に立つ、そしてお客様に喜んでもらえる、という結果に喜びを感じるようになってきて、自分にとって天職なんじゃないかと思い始めました。いつしか、辞めたいという気持ちはなくなっていました。

入社から約一〇年後、大元の会社の業績が停滞して受注が減ったため、岡山支社として新しい事業を展開する必要が出てきました。そんな中、私の母校の公立高校から、Windowsの台頭により古くなった成績処理システムの焼き直しを頼まれたのです。「成績処理システムって点数をパソコンに打ち込むだけの簡単なものだろう」という程度に考えて二つ返事で引き受けたのですが、それが大間違い。いざ着手してみたら目に見えない所がかなり複雑な仕様になっていて、結局、大赤字となってしまいました。一方で、「待てよ。他の学校もニーズがあるのでは？」という一条の光が見えたのも、その時です。

実際に周辺の公立高校をリサーチすると、やはり需要がありそうで、同時期に、校務支援システムを導入したいという学校がたまたま近くに出てきたので、当社が開発・導入したところ、そのシステムが好評を頂きました。「よし、いける！」。そこから本格的な営業を進めることにしました。

とはいえ、当時はまだオンラインで気軽にサポートができる時代ではありません。人口が多い県南部に進出するには、競合が多く、そこまで車で約二時間かかる当社は不利でした。そこで、思い切って他県への進出を図ったら、最初に和歌山県の学校が当社の製品を気に入ってくださったのです。このとき納品したシステムも先生方から大変好評をいただけて、県内のシェアはどんどん広がっていきました。

しかし、シェア率五〇パーセント達成も視界に入ってきたぞというときに、どん底に突き落とされる出来事が起きました。

校務支援システムの統一化により、事業が振り出しに

二〇〇九年。時の政権下で「スクール・ニューディール」が立ち上がり、自治体主導でＩＣＴ化が進められることになりました。自治体単位で校務支援システムを導入するということは、その自治体の公立学校のシステムが統一されるということです。そういった大規模な予算がつくときは、大手メーカーが必ず出てきます。当社のシェアは和歌山県内でトップ、静岡県でも着々と伸ばしていたのですが、大手メーカー相手にはなす術もなく、導入数は瞬く間にゼロになりました。「もうダメだ」と、立ち直れなくなるほどのショックでした。

けれど、砂を噛むような日々の中でふと思いました。「私立学校ってどうなんだろう？」と。私立であれば、基本的に外部の影響を受けることはありません。何より、学校

としての独自性が強いので、一校一校ニーズが違うはず。フルカスタマイズという強みを持つ当社のシステムは、きっと相性が良いだろう。そう仮説を立てて、私立学校に集中して営業をしてみたら、これがドンピシャでした。次々と受注が決まって、当社の製品の良さを発揮できるのは私立学校だったということに気が付きました。

日本システック株式会社の一事業部だった私たちは、システックITソリューション株式会社として独立して、今では北海道から九州まで全国一一〇校（二〇二三年一二月現在）のお客様を抱えています。そのすべてが個別対応です。一つとして同じものはないので、システムの開発数としては大手他社様にも負けません。ありがたいことに、最近は問い合わせが増えて、インバウンド営業だけで事業が成り立つようになり、受注率は六〇～八〇パーセントを維持しています。

私立高校のシェア率一〇パーセントを目指す

これからの時代に求められるのは、一つのシステムであらゆる業務をカバーできる、統合型の校務支援システムだと思います。現状では、成績処理はA社、入試管理はB社というようにシステムごとに業者が分かれるのが一般的ですが、それだと、先生方がそれぞれに生徒情報を入れなければならなかったりと、連携がとれません。当社においても、「全方向型フルカスタマイズの校務支援システム」を提供できるように進めています。

二〇二三年現在、私立高校は全国に約一三〇〇校あります。当社の校務支援システムの導入実績は全国で一一〇校ですが、このうち私立の高校（または中高一貫校）は八一校です。五年以内に、この八一校という数字を、私立高校のシェア一〇パーセントである一三〇校まで増やすことが当面の目標です。

学校現場はさまざまな業務に追われていて、「教育」に集中できていないという問題を抱えています。当社は私立学校に特化した事業を展開していますが、シェア率一〇パーセントの目標を達成したら、その後は、小学校をはじめとした他の教育現場にも事業を広げていき、日本の教育環境の発展に寄与できたらと思っています。

「たらいの水の原理」で目の前の人を幸せにする

私が長年システム開発に関わっていて感じるのは、どんなに良いシステムを創っても、使ってくれる人がいて、その方々に評価してもらえなければ意味がないということです。当社のシステムを喜んで使っていただけるお客様がいて初めて、自分たちのしてきたことが意味を成します。

私たちが大切にしている考え方が、「たらいの水の原理」（二宮尊徳の言葉）です。水を張ったたらいは、たらいの水を手前から反対側に押すと、水はたらいの側面を通って自分の元に流れてきます。一方で、自分たちだけが良ければいいと、たらいの水を手前に寄せようとすると、水は向こう側に逃げていく。自分たちが幸せになりたいのなら、まず目の前の人（お客様）を幸せにすることが大切なのです。

当社のシステムを通じて幸せにできる人をどれだけ増やせるか。それを追求することが、今後の事業の発展につながり、結果として、会社が長く存続できるための礎になると思っています。

05 苦しい日々も ひたむきに前を向き続けた だからこそ分かる「感謝」の意味

株式会社門戸建設

代表取締役 門戸 彰

■ 〒649-0121 和歌山県海南市下津町丸田911- 2

Tel 073-488-8823

■ https://kado-kensetsu.co.jp/

施工開始後の変更も可能　お客様の喜びを少しでも大きなものに

当社は、新築工事やリフォーム工事をはじめとして、外壁塗装、住宅機器メンテナンスなど、暮らしに関連した幅広い事業を展開しています。ご依頼の多くは和歌山県内ですが、近畿圏内であれば基本的にどこへでも伺っています。

会社としての特徴は、お客様の想いを形にできるように柔軟な対応をしていることです。例えば注文住宅については完全自由設計で対応していて、施工開始後であっても、お客様の「〜したい」という要望を、極力追加料金をいただかずに反映させることをモットーにしています。一般的な工事は、施工開始後に仕様を変更したら追加料金が発生することがほとんどです。しかし当社の場合、「壁紙を替えたい」「ここにニッチをつくりたい」といった変更希望は、新たな仕入れが必要になるなど物質的な料金がかからない限り対応します。

やはり、「図面で見る家」と「作業が進んでから肉眼で見る家」は違います。工事が進むにつれて「やっぱりこうしたい」と思うのは当然のことだと思います。建設業は、工事がないと仕事がこない、「お客様ありき」の世界です。私たちの役割はお客様が得られる喜びを少しでも大きくすることであって、その点で苦労を厭《いと》うことはありません。

創業のきっかけは「工務店として名を残したい」という思い

門戸建設は、二〇一二年、私が個人事業主として一人で創業したところから始まりました。

祖父と父が大工だったので、私は小学生の頃から父の仕事現場に付いていって、働く様子を間近で見たり、作業を真似たりしていました。確かな腕を持っていて、仕事が趣味のような働きっぱなしの父で、大工としての姿は、現場で染みついた木の香りとともに今でも思い出せます。そんな環境で育った私は、小学校のときから「自分も大きくなったらこの仕事がしたい」と漠然と思っていました。中学生の頃には「父の跡を継ごう」という意思が明確になっていたので、夢を叶えるために工業高校に進んだのです。

高校を出てすぐに、大工の見習いとして父やその同僚の方々に仕事を教えてもらいながら、下積みを重ねました。けれど、技術を磨く中で、一人の大工としてやっていくよりも、工務店として総合建設をしたいという思いが大きくなっていって……。

家を一軒建てたとき、大工がどれだけ良い仕事をしても名前は残りません。残るのは工務店の社名です。私はそれが悔しかった。「自分たちの築いたものを、自分たちの名前で残したい」という思いから、建設業許可を取得して、個人事業主として独立しました。

とはいえ、今振り返ると見通しが甘いままの独立で、備品は軽トラック一台だけでした。事務所もなければ倉庫もなく、身ひとつで創業したようなものでしたから、仕事が安定しない時期もありました。一か月まるっと仕事がないとき、家族に心配をかけないように作業着で家を出て、公園で途方に暮れていたこともあります。

正直、「夢を諦めて会社員として就職しようかな」と悩んだりもしました。けれど、中途半端に夢を諦めることが、父を裏切ることになるような気がしたのです。歳をとり、現役として働ける時間がそう長くない父を、やがて私が守るときもくる。何より、決めたことを諦めたくない。そういう思いを原動力にして前を向き続けました。

仕事があるのは当たり前ではない

当社は今に至るまで、大きな転換期はありません。目の前の仕事に真正面から向き合って、できる限り迅速丁寧に仕上げる。人とのつながりを大切にして、色んなところに顔を出す。私たちの仕事は「信頼」が特に大切ですから、そうやってコツコツ実績を重ねる中で口コミが広がって、ありがたいことにお客様が増えていきました。ずっと個人事業主としてやってきましたが、事業拡大に伴い二〇二二年に株式会社門戸建設として法人化して、今では従業員も事務スタッフを含め一五名になりました。

がむしゃらに頑張っていると、不思議なことに次々とご縁が広がっていくものですね。シンプルですけど、「諦めずにやり続けること」が、自分の夢に近づくうえで大事だと思います。

現在、当社では「日々感謝」を社訓としています。ありきたりだし、今風のかっこいい言葉でもありませんが、「仕事があるのは当たり前ではない」というのが身に染みている私にとって、何よりも大切な言葉です。門戸建設は、自分一人の力で築き上げてきた会社ではありません。社内に掲げた「日々感謝」を見るたびに、それを再認識して、初心に帰ることができます。

仕事の中で従業員に「こうしてほしい」と伝えることはめったにありませんが、「愚痴を言わないようにしよう」とは言っています。もちろん、仕事をしていると大変なことはたくさんある。けれど、愚痴が多い現場は自然と暗くなるし、愚痴を言えば言うほど他責思考になって、自分が成長できなくなると思うのです。

それに、当社のモットーは、下請けの方々も含めて楽しく仕事をすること。職場で起きているギスギスってお客様になんとなく伝わってしまいます。また、自分たちが楽しめていないと、お客様に心から寄り添うことはできません。各々が前向きに働いているからこそ、良い雰囲気が醸成されて、仕事のクオリティに直結すると思います。

建設業から事業の幅を広げる

目まぐるしく変化する現代において、従業員を守り、会社としてさらに飛躍していくために、今後は建設業にとどまらない事業展開をしようと思っています。

先だって始めたのが、二〇二三年一月にスタートさせた住宅設備機器説明のアウトソーシング事業です。新築やリフォームに際して住宅機器を購入されたお客様の元へ、当社の契約アシスタントが訪問し、使い方やお手入れ方法などを説明します。最近の住宅機器はＡＩの搭載などにより進化していて、施工業者がその場で説明することが難しくなっています。お客様からも「使い方からお手入れ方法まで説明してもらえるのでしっかり活用できる」と評価を頂いていて、少しずつ事業として伸びてきているので、いずれはこの事業だけで別会社を設立できたらなんて考えています。

今は、門戸建設が今後の市場競争を勝ち抜くための大切な時期です。

二〇二五年から、すべての新築住宅・非住宅に対して省エネ基準への適合が義務化され、断熱材の厚さや窓の構造などが一定の基準を満たす必要があります。リソースが充実した大手企業ほど早めに対応を進めていますから、当社のような小さい会社は、油断していると差が開いていくばかりです。数年前から、研修やセミナーに参加して従業員の技術力を高めたりと、会社の基盤をより強固なものにするために取り組んでいます。

これからも、関わる人全員で成長したい

私はこの和歌山県海南市で生まれ育ち、この地で一人の事業者として歩んできました。街としては人口減少が進んでいますが、だからこそ、当社の事業を通じて少しでも地域を活気づけることができたらと思います。

仕事を全力で頑張り、その中で培ってきたものを地域に還元する。そんなふうに、私もいつか、自分の経験を生かして地域に恩返しをして、地元の方々に頼っていただけるような人間になることを目指しています。

軽トラ一台で独立してから約一〇年間。事業を始め、会社をつくって、和歌山県全域のお客様に声をかけていただけるくらい成長することができました。そう考えると、次の一〇年間で門戸建設がどのくらい成長しても不思議ではないと思っているんです。最低限の目標として、私が四五歳になる七年後までに、会社の業績や従業員数を倍増させられたらと思っています。

これからについて考えると不安もあるし、会社が大きくなると今以上につらいことが増えるかもしれません。けれど、それ以上に楽しみです。自分一人では、絶対にここまで歩

んでくることはできなかった。従業員のみんなや下請けさん、お客様、家族……。門戸建設は、関わってくださる皆さんがいるからこそ成り立っています。今後、会社がどこまで成長しても偉ぶらないで、自分に付いてきてくれる人を幸せにしたい。「門戸建設と一緒に仕事をしたから自分たちも成長できた」という人を少しでも増やしたい。皆さんと成長できることが、私が頑張る原動力です。

06 美容師の働き方改革にビーチクリーン 様々な切り口で「知多半島を想う小さな会社」

株式会社ワンダフルライフ

代表取締役　今井　啓敦

■ 〒479-0033 愛知県常滑市中椎田24番地の12
Tel 0569-36-0681
■ https://wonderfullife.jp/

愛知県常滑市に本社をおく株式会社ワンダフルライフのキャッチコピーは「知多半島を想う小さな会社」。健全な美容室経営の仕組みやノウハウの提供をメインとした美容商材卸業のかたわら、ビーチクリーンをはじめ、知多半島の地域活性化につながるさまざまな事業を展開しています。

代表取締役である今井氏には強い想いがあります。それは「美容業界の常識を変えて幸せな美容師を増やす」「地域とともに発展するビジネスを」、そして「地元・知多半島を元気にしたい」ということ。一貫した理念に基づいて、スピーディーにパワフルに事業を展開する今井氏に、美容業界への想いから従業員教育、ＳＤＧｓのこと、今後の展開に至るまで、じっくりとお話を伺いました。

美容業界の常識は弊社の非常識
美容師バブルの中で業界の常識に違和感

もともとは、美容室にパーマやカラーの液剤などを販売する美容商材卸の会社で、サラリーマンをしていました。二〇〇〇年頃は人気俳優が美容師を演じたドラマが大ヒットした影響で、「なりたい職業」の一位が美容師だったほど、美容業界の黄金期でした。しかし、現場は根性論や長時間労働の美学などがまかり通り、美容師は朝から夜まで働きづめで疲弊しきっていました。

そんな中でも、私を必要としてくれるお客様に応えるのはやりがいを感じていました。しかし、美容の現場に長く身をおくほど、業界の常識に違和感を覚えるように。美容師の過酷な労働条件・環境に加え、メーカーからのバックマージンで卸価を大きく値引きする卸会社の商習慣も、考えるほどにおかしいと感じ始めたのです。

「三方よし」の理想のために独立

自分なりのやり方で挑戦してみようと決心し、元上司の会社で二年間独立のための勉強をさせていただいた後、二〇一〇年に独立しました。以来、「業界の常識は我が社の非常識」を合言葉に掲げています。

具体的に言うと、弊社では値引きはしません。その分、お客様のサロンの組織構築をお手伝いし、売上を上げるお手伝いをするというスタイルです。ミーティングや合宿を行い、経営理念の洗い直しから店舗運営、社員教育まで、全力でサポートします。美容室のオーナー、従業員である美容師、お客様、全員が幸せになれる「三方よし」の理想形にもっていくのです。

小さな美容室の勝ち筋を伝授

雇われの身から独立して、サロンを持つことを夢見る美容師は多いものです。しかし、上手にヘアスタイルが作れて、売上をたくさんあげられて、レジ締めができても、それではサロン経営ができることにはなりません。経営とは、お店の存続のためにありとあらゆること、雑務から決算書の読み解きまで、サロン内の全てに責任をもつことなのです。夢もやる気もあるのに、経営でつまずいてしまい、せっかくのお店を閉める美容師を何人も見てきました。

サロンを存続させるには、商品力、営業力、管理力の三つの柱が必要です。そこで、弊社では、スタイリストが二、三人、鏡が六つ程度といった、よくある「小さな美容室」の運営の要素と構造を分解して仕組み化し、そのノウハウをもとにサポートしております。机上の空論になってはいけませんから、モデル店舗として自社でもヘアサロン「Canaria（カナリア）」を二カ所運営し、仕組みを実践することで、ノウハウを日々ブラッシュアップさせています。

「根」である経営理念を磨く

同時に、目に見えない「経営理念」の洗い直しにも力を入れます。独立の際には、サロンの装飾など、目に見える部分に凝ることを優先しがちです。しかし、経営理念はいわば観葉植物の根です。鉢の中に隠れているので表からは見えませんが、根がしっかりしていないと、目に見える部分の枝や葉は健康に美しく茂りません。同じように経営理念がしっかりしていないと、どれだけ装飾に凝っても、サロンは本当の意味で美しく健全にはならないのです。経営理念と言っても難しいことではありません。「何のために、誰のために商売をしているのか」、そこをしっかり磨くことを忘れてはいけないと思っています。

持続可能な新しい美容室経営

今、弊社のモデルサロンでは、美容師は完全週休二日制、有給を使って毎月一回三連休がとれる勤務体制をとっています。他にも、社会保険の導入、清掃スタッフの雇い入れ、昼食の支給、九時〜一八時の無理のない営業時間など、美容師が働きやすく続けやすい環境を整備しています。また、数年前から確定拠出年金も導入し、従業員にも好評で、離職率も低く抑えられています。

もちろんこの状態にもっていくには、しっかりとサロンの売上が立っていることが必要です。自社のモデルサロンでは、スタッフ一人当たり年間売上高一三〇〇万円以上が実現できています。美容師のマンパワーに頼る時代は終わりました。従業員の満足度が売上を生み、この健全な経営が従業員の充実を生む、この好循環こそがこれからの美容室に求められるものなのです。

美容師がまっとうに働き稼げる仕組み仕組みに人をあてはめる

人材育成の考え方に「適材適所」という言葉があります。もちろん理にはかなっているのですが、私は、これは大企業の論理だと思っています。健全な仕組みであれば「仕事や仕組みが大前提にあり、そこに人材を当てはめていくやり方」が功を奏します。私は小さなサロンであれば、そちらの方が向いていると思うのです。

とても野心的で技術力がずば抜けて高く、天才的なセンスをもっている美容師というのは、なろうとしておいそれとなれるものではありません。私は、そういったカリスマ美容師を見ているのではなく、コツコツと日々技術を磨いている、いわゆる「地元のサロン」にいる「地元が大好きな美容師」が、キャリアを諦めることなくまっとうな働き方をし、しっかり稼げるようになってほしいと思っています。そしてその場合、健全な仕組みに自らを合わせていく方が、うまくいくのです。

人間力に欠かせない「自律」

「本末転倒」という四字熟語は有名です。この語源は「本学」と「末学」という学びの種類から来ています。「本学」とは人間性や倫理観、いわば「あり方」、「末学」は知識や技術の学び、言い換えると「やり方」です。末学ばかりに精を出し、人間性を高めない学びが「本末転倒」という言葉で表されるのです。美容師の場合、専門スキルを磨くことは末学にあたります。では本学の人間力はどうかというと、やや置いてけぼりの人が多いように見受けられます。

仕事では、好き嫌いではなく必要不必要で考えることが求められます。その点、美容業界には、やりたくないことをやってこなかった人が多いように見えます。つまり「自律」の経験値が少ないのですね。人材教育ではそこがネックになることが多いです。しかしこういった点は、気づきさえすれば、何歳からでも伸ばせます。私たちは、そのベースの部分からしっかり伴走して教育することを大切にしています。

本気のＳＤＧｓで知多半島の環境に貢献
一〇〇名規模のビーチクリーンを主催

弊社では様々な事業やプロジェクトに取り組んでいます。その中でも、一般の方からも注目度が高いのが「ＷＯＮＤＥＲＦＵＬ ＣＨＩＴＡ（ワンダフル知多）」です。これは二〇二〇年から取り組んでいる、ビーチクリーンアップを中心とした活動です。一般参加も募っており、多い時は一〇〇人以上の人が集まって、みんなで海岸の清掃をします。

きっかけは、知多半島の三つのビーチが「水が汚い海水浴場ランキング二〇二〇」に入ったというニュースに衝撃を受けたことでした。さらにショックだったのは、弊社のある常滑《とこなめ》市の海水浴場「りんくうビーチ」がワースト一位だったこと。遠目には綺麗なビーチですが、実際に歩いてみるとタバコの吸い殻や、ペットボトル、プラスチックなど、ゴミだらけだったのです。「これはなんとかしないといけない」と危機感を覚えました。

最初は従業員とゴミ拾いを始めたのですが、「どうせやるならもっと多くの人の力を借りた方が綺麗にできる」と、「ＷＯＮＤＥＲＦＵＬ ＣＨＩＴＡ」のビーチクリーンアッププロジェクトを始動させました。開催は奇数月の最終日曜日です。普段はサロンを営業していますが、この日はサロンを閉めて、従業員総出で運営しています。「そこまでするんですか」と驚かれることもあるのですが、「ここまでする」ことで私の本気を従業員に伝える意図があります。

ちょうどこの頃、社会的にSDGsに取り組む機運が高まっていました。海に囲まれた土地で、水をたくさん使う美容室を運営しているなら、一四番「海の豊かさを守ろう」は少なからず自分ごとであると思ったのです。

タオルを洗う洗剤もエシカルなものに

その流れで、二〇二一年から海に流れた時にバクテリアの餌になるという、生分解性素材の環境に配慮した洗剤「BEAUTIFUL CHITA（ビューティフル知多）」の販売にも取り組んでいます。弊社はサロンで毎日たくさんのタオルを洗うので、その際にももちろん使用しています。私たちが手塩にかけて綺麗にしている海に流す水を、少しでもきれいなものにしたいという想いからです。

目標は知多半島のビーチを、子どもたちが誇れる美しい海岸にすること。目標達成まではまだまだ遠い道のりですが、従業員がマイタンブラーやマイ箸を持つようになったなど、身近の小さな意識変化にも達成感を感じています。

楽しみながら知多の未来創造にチャレンジ 知多半島をパワースポットに

これからも愛着のある知多半島で事業を続けていきたい。だからこそ地域が元気であり続けてほしいと思っています。私は知多半島をパワースポットにしたいのです。ですから、「WONDERFUL CHITA」をはじめとした地域貢献活動は粘り強く続けていきます。

実は、洗剤「BEAUTIFUL CHITA」には地域通貨をつけています。知多半島の名産品やカフェドリンクと交換できるなど、地域の中で消費経済が循環するような仕組みを作りたいと思っています。

他にも地域や社会の課題解決には積極的に取り組んでいます。例えば、少子高齢化の解消に少しでも貢献したいと、結婚相談所事業にも乗り出しています。また、知多半島在住の方を対象とした「フューチャーチタ奨学金」。これは学費の一部をサポートする返済不要の奨学金制度で、今後展開していきます。

チャレンジを楽しむ

最後に伝えたいことは、仕事でも私生活のチャレンジでも、楽しくやることが大事だということです。特に協力者を得たい場合は、ことさら楽しくやること。人々は「真面目さより楽しさにひきつけられる」ものです。

例えば「WONDERFUL CHITA」の活動は、チーター柄のお揃いのビブス(ベスト状の衣服)を着て行っています。あまり気づいてもらえないのですが、「チーター」「知多」のダジャレです。背番号は39で「サンキュー知多」です。子どもたちが「また来たい」と楽しみにしてもらえるよう、ミニチュアホースを招いたり、紙芝居を行ったり、様々な工夫をしています。

私は、すべての経験は学びに変えられると思っています。最初は三〇点でもいいのです。実際にやってみると、経験という素晴らしい材料が手に入ります。どうしようもなければやめたらいいいし、改善が必要ならブラッシュアップすればいい。しかしその判断は、すべて経験あってこそです。ですから皆さん、どうかチャレンジを楽しんでほしいと思います。

07 「お客様に欠かせない水であれ」最強のよろず屋を目指して

株式会社Heart Seed

代表取締役　中村　俊貴

■〒252-0231 神奈川県相模原市中央区相模原３-６-９
シンワセントラルハイム 601号
Tel 042-850-9249

■ https://heart-seed.jp/

理想の営業スタイルを求めて独立
営業が得意だと気づいた社会人一年目

今でこそ様々な事業の構想を錬り、やりたいことがたくさんある私ですが、学生時代は特技もなく、やりたいことも見つからず「雇ってくれるところがあればそこで頑張ろう」といったスタンスでした。迷いと悩みの中での就職活動を経て、通信系のベンチャー企業に入社しました。

その二〇一五年はちょうどインターネット回線の自由化で、「〇〇光」といった各キャリアの光回線が乱立した年でした。そこで新人は、光回線の販売をすることになったのです。といっても、元々営業会社ではないので、パンフレットを渡されて「行ってこい」と言われるだけ。上司もおらず、営業トークの指導もない中で、いきなり飛び込み営業をするという、超ハードモードな社会人生活の幕開けでした。

しかし、意外なことに、ここで私の才能が開花したのです。アポもなく知らないお宅のチャイムを押すことに腰が引けてしまう人が多い中、私はその点、気持ちにためらいがありませんでした。ヒアリングや会話のスキルも、数をこなすうちに我流でブラッシュアップし、たった三カ月で全国一位の営業成績を獲得できました。これはまぐれではなく、その後も約二年半一位をキープ、通信キャリアの本社にも表彰され、トロフィーや賞状をたくさんいただきました。当時は朝から夜まで訪問していましたね。この経験から、自分は他人より営業が得意だと気づいたのです。

提案型の営業にチャレンジ

しばらくすると、この営業力という自分の強みを、もっと伸ばしたいという気持ちが出てきました。光回線は提案の種類が少なく、ワンパターンの営業になってしまいがちです。もっとお客様に寄り添った提案ができる、手応えのある営業がしたいとの思いから、飲食業界の広告営業の職に転職しました。

飲食店にはそれぞれスタイルや業態、コンセプトがあります。それを勘案したうえで、「ユーザーにどう見えたらもっとお店を知ってもらえるのか」を考え、集客や売上に貢献できるよう自分の中で作戦を練ってお客様に提案する流れで、動きやコミュニケーションを考え尽くしました。

ただ「広告を載せませんか」と提案するのではなく、忙しい店主の目線に立ってニーズに寄り添うこと、さらには店舗のユーザーの動きまでこちらで考えたうえで、最適な広告を提案するように心がけました。すると、営業成績はどんどん伸び、当時の営業所でトップを取り、全国のトップ11まで切り込めたことが自信と実績となりました。非常にやりがいを感じていたのですが、当時は私も尖っていたこともあり、人事考課の不透明さに我慢ができず退職を選びました。

不動産販売を経て、自分のやり方を試すため起業

心機一転、次は「億を売ってやろう」と、不動産営業に飛び込みました。地主さんに賃貸マンション建設での収益化を提案するのです。ここは一〇〇年企業で、受け継がれてきた仕組みやマニュアルがたくさんある会社でした。しかしマニュアルどおりに動いているはずの営業部が、計算どおりの結果を出せていないのです。上層部から「変な奴が入ってきた」と睨まれながらも、地主さんの信頼を得るために、その方が仕切る地域の祭りに参加してお神輿を担ぐなど、自分なりのやり方を貫きました。その結果、八カ月で大きな契約を受注できたのです。

三社を経て、ベンチャー企業はやりがいやポジションは与えてくれるけれども、給与面での物足りなさがある、大手はルールが厳しすぎて個性が出せず息苦しい、それならいっそ独立しようと決心しました。会社に文句を言うだけなのは格好が悪い、自分で会社を起業してみて、自分が不満に思った点を自分なりにやってみて、思ったとおりにいくのか、私が今までお世話になってきた会社のやり方が正しかったのか、それは自分がやってみた

ら分かると思ったのです。

心で植えた種を咲かせる——Heart Seed

二〇二一年、Heart Seedという社名で会社を設立。社名は「心で植えた種を咲かせよう」という気持ちを言葉にしています。チューリップの球根を植えたらチューリップが咲きますし、タンポポの種を植えたらタンポポが咲きます。それと同じで、この人が好きだと思ったら好きになってもらう努力をしますし、この人は苦手だと思ったら避けるような行動をとってしまいます。結局「心に思ったことが行動に出る」と思うのです。ですから「お客様を幸せにしよう」と思うことでその種が咲く、そういった気持ちを社名にしています。

ロゴマークは、タンポポの綿毛と人をイメージしています。タンポポの綿毛は風に運ばれて、各地でまた花を咲かせます。色々なところで「Heart Seed」として人の輪を作っていくというイメージを込めました。

営業についてはノウハウを積み重ねてきましたが、会社の経営やマネジメントは自分でやってみて初めて分かることもたくさんありました。特に人を率いるマネジメントの難しさは痛感しているところです。別れあり出会いありで、現在営業は五名、バックオフィス二名の七名で頑張っています。

ニーズを一手に引き受ける「よろず屋」を目指す
現代の「よろず屋」ビジネス

現在は、関東エリアの飲食店を中心に、通信やライフライン、広告、店舗支援などの事業を展開しています。中でも特徴的な事業は、飲食店を経営するにあたって必要なインフラをワンストップで提供する「よろず屋」ビジネスだと思っています。電話やインターネットの開通手続き、Wi-Fiの工事、厨房機器のレンタルや新品中古の販売、アルコールや洗剤などの消耗資材の販売、集客のための広告、最近は防犯カメラやキャッシュレス決済の導入もお手伝いしています。

扱う商材は七〇以上。お客様のリクエストや悩みを聞く中で、光回線や飲食店広告の営業経験を軸にお手伝いをしていたら、今のビジネスモデルができました。「中村さんは色々やってくれるから、もう全部お願いするよ」と全てコミコミで依頼してくださるお客様が増えたのです。あちこちに連絡せずとも、当社だけで片がつくので、忙しい飲食店のお客様には非常に好評です。

飲食店設備の格安販売も

　またメーカー様ともつながりがあるので、店舗を作る際の初期費用の節約の価格交渉も請け負います。実際にあった例なのですが、店舗様がメーカー様と直でやり取りをして二〇〇万円と言われた設備について、当社だと全く同じ製品を一〇〇万円で入れられたケースがありました。メーカー様も当社にとってはお客様なので、赤字になるほど利益が減るのはよくないのですが、メーカー様も店舗様も双方にWin-Winになれる納得いく形で間を取り次ぐことが私たちの仕事です。

　なぜそのようなコストカットができるかというと、その理由は私たちが「よろず屋」だからです。お客様の新店舗を丸ごと引き受けた場合、電話やネット回線、電気やガスの開通、厨房機器、レジ、防犯カメラ、消耗品資材の販売、集客に困ったら広告と、受注できるものがたくさんあります。それぞれが薄利であったとしても合計すると大きな受注金額になります。厨房機器だけでやりくりしているわけではないので、厨房機器メーカー様よりもぐっと利幅を低くできるのです。

「ノルマは受けない」方針貫く

メーカー様と直接つながる「一次代理店」の場合、販売ノルマを課せられるのがこの業界の慣習です。しかし私たちは基本的にノルマは受けていません。「このくらいは売ってほしい」という目安はお聞きしますし、達成にむけて一生懸命頑張ります。しかしノルマとなると話は違います。

必要のないお客様に無理やり販売するようなことが起きたら、クレームにつながりますし、メーカー様のブランド名にも傷がつきます。お客様が必要とすれば最善の形で提案しますが、これは違うと言われた場合は販売はできません。こういったことを「私どもの会社の方針です」と正面きって説明すると、不思議と胸を打つところがあるようで、ノルマをなくしてもらえるケースが多いです。

もちろん、これはメーカー様から当社への期待値の表れです。ノルマをなくすためには、おそらく担当者様は社内で色々な交渉をしてくださっていることでしょう。この恩と期待には応えなくてはいけません。社員もそこは理解してくれており、一丸となって、全力で誠実に取り組んでいるため、当社はそのメーカーの「代理店の中で解約率の低さＮｏ．１」と好評をいただいています。

飲食店含む店舗向けのサポート商材の拡大へ

現在、新たな事業領域として厨房機器の修理サポートに取り組んでいます。二〇二四年の今期は、事業を展開しているお客様のニーズに応えるべく、空調設備、床、トイレなどの清掃サービスや、テナントが利用する電子機器の修理サービスなどを提供予定です。「よろず屋」として店舗運営におけるさまざまな問題を解決し、お客様のビジネスを力強くサポートしていきたいと考えています。

私たちはいつも新しいお客様との出会いを楽しみにしています。出会いから生まれる新たなニーズに応え、お客様に満足を提供することで、社会への貢献を目指しています。常にアップデートを怠らず、より多くの価値を提供できるよう努めたいですね。

不動産仲介の時点からお客様をサポート

また、不動産仲介業も今後事業展開を予定しております。不動産取引をメインにするつもりではなく、今お取引のあるお客様から「二店舗目三店舗目を出店したい」「あの辺りで出店にいい物件はないだろうか」などのご相談も受けるようになり、そのニーズに応えるための事業展開です。

お客様のお役に立ちたいという想いはもちろんのこと、物件のご案内をすることで、電気やガスのライフラインやインターネット回線などの導入のサポートも一緒にご提案できるようになります。当社としては、点と点をつなげて面にして一手に引き受けるための戦略でもあります。こうして「よろず屋」としてできることをどんどん増やしていきたいと思っています。

「お客様の水に」なくてはならない存在を目指す 年収一〇〇〇万円超え営業マンを育成

こうしてたくさんの事業に投資できるのも、社員が同じ方向を向いて頑張ってくれているからです。二〇二三年一〇月に終えた二期目の売上額は、一億円を超えました。その当時営業スタッフは三人しかいなかったので、飛び込み営業の薄利の商材が多い中で、かなり頑張ったと言っていいと思います。

今の私は、「困った時はまず中村さんに」と指名でご連絡いただくことが多く、「売る営業」から「求められる営業」に進化できていると自負しています。しかし、現場の空気感やお客様の最近の課題を的確につかむため、今でも飛び込み営業をすることもあります。

私はよく営業スタッフに「お客様の水であれ」と話します。水は人間にとってなくてはならないもの。そしてどんな形にも添うことができます。「柔軟に形を変えながら、なくてはならない存在である」というのは営業の理想形だと思います。

当社はメーカー様ともいい関係を築いていますし、いい商材を紹介できるルートがあるので、自信と知識が身につけば、営業スタッフが売上を伸ばすことは無理難題ではないと思っています。実際に新人でもしっかり受注してきます。利益はどんどん還元していきたいと考えているので、私も経験した「ベンチャーは給与が物足りない」という常識を覆し、年収一〇〇〇万円超えプレーヤーを目指してほしいと思っています。

ニーズはSOSのようなもの

私たちの事業の軸は事業課題の解決です。こう言うとビジネスライクに聞こえますが、要はお客様のニーズというのは「助けてほしい」というSOSのようなものですから、困っている人に手を貸す、フォローするというのは非常に自然な流れだと思います。

私は「競合はリクルートと楽天、USEN」と公言しています。今は半分ふざけてのことですが、半分は本気です。つまり「よろず屋」路線をどんどん磨き、規模を大きくして、総合的に色々なアプローチを提供できる会社になりたいのです。会社を組織として強くしながら、「Heart Seedさんに頼んだら安心」とこれからも言ってもらえるよう、まい進したいと思います。

08 コンサルタントや防災資機材開発などで防災・安全の向上に尽力する防災のエキスパート企業

Nicoldsystem 株式会社

代表取締役 石村 憲之

■〒930-0236 富山県中新川郡立山町新堀1282番地４

Tel 076-461-3396

■https://www.big-advance.site/c/138/2032/

さまざまな角度から防災や安全の向上に取り組む。能登半島地震でも二次・三次災害防止の面で活躍

当社のおもな事業は防災に関する資機材の製造・販売、災害発生時の復旧の支援、経営・安全・研究開発・総務・DXなどに関するコンサルタントなどです。また私は、労働安全コンサルタントの資格を保有しています。厚生労働省の下部組織である建設業労働災害防止協会で、安全のプロフェッショナルとして講師も務めています。

能登半島地震では、復旧工事における二次災害・三次災害防止の指導を実施。被災地を回って現地の状況や作業を確認し、専門家として安全に関するアドバイスをしました。ほかにも製造業や建設業の企業の顧問となり、その企業の強みを生かした商品開発をともに行い、利益を伸ばすお手伝いもしております。

当社の強みは、私の人脈が広いことです。私は創業前に多くの方の対応をしたり、相談に乗ったりしました。創業後も様々な人とつながりがあったりして、多岐にわたる分野で人脈が非常に広いのが特徴。それがそのまま当社の強みになっていますね。

営業に力を入れずとも、人から紹介されたりして事業を展開できています。大変ありがたいことです。いまも私は、年に二人の人助けをすることをテーマにしています。またメディア関係者など、様々な分野の人と関わるようになりました。今まで知らなかった世界

が垣間見え、自分の知見が広がるのが楽しいです。

あとは、事業の分野がニッチなことも強みです。防災・安全のコンサルタントもニッチな分野ですし、防災の資機材もニッチですね。ニッチな分野で存在感を示していけるのは、大きな強みだと思います。当社は、ニッチ分野でトップ企業になるのが目標です。

経営者となって社員に対する考え方が大きく変化。社員が働きやすい環境づくりに力を入れる

私は会社員時代、規模の大きな企業に勤めていました。人事担当も経験しましたが、社員の気持ちや人生などあまり深く考えず、「作業」的な人事をしていたのです。起業して経営者となり、社員を雇う立場になると、考えがガラリと変わりました。社員の人生や生活を守ってあげたい、守らなければならないという使命感が強くなっています。そのため力を入れているのが、社員の働きやすい環境づくりです。働きやすい環境づくりは、社員が生き生きと働くために必要だと考えています。

社員が状況に合わせて働きやすいよう、常に考えています。たとえば、クラウドを積極活用し、リモートでも仕事をできるような体制を整備しました。土地柄、積雪のときも多いので、社員も臨機応変に対応しながら仕事ができています。今回の能登半島地震のとき

も、クラウドを活用した体制が役立ちました。

また社員には、利益をしっかりと還元していきたいと考えています。さらにコンサルタント業をしているので、知識など個人でスキルアップが必要です。財務に関する知識も重要なので、資産運用など金融関連の勉強会なども開いています。さらには、CADなど設計の勉強も促しています。なにかを計画したり、設計したりすることに苦手意識をもつ人が多いです。その意識改善をするとともに、設計に関する仕事にもつなげるために取り組んでいます。

ほかに力を入れているのは、業務プロセスのシステム化・仕組み化です。より短時間・少人数で作業が進められるよう、効率的な運用の実現を心がけています。

様々な相談を受けて感謝されたときの喜びが起業のきっかけに

会社員時代、様々なことに関して知見を求めて、私のところへ相談に来る人が多くいました。その人たちから「ありがとう」と言われることに喜びを感じ、コンサルタント業として独立・起業することに挑戦してみようと考えました。

とくに印象深かったのが、休日出勤していたとき、近所の住民の方が自分のところに相談に来たことです。それは事業とは関係ない話だったのですが、深刻な話だったので協力してあげようと思いました。相談を聞いてアドバイスをしたり、手伝ってあげたりしました。結果としてすごく感謝されたのです。これは、のちの起業につながる大きな出来事だったと思います。

ほかに会社員時代、防災や安全に関する担当だったときに事故が発生してしまいました。対応に苦慮し辛い思いをしていたとき、助けてくれた方がいたのです。その人は、安全に通じた方でした。その方の姿を見て、自分と同じ思いをする人を減らしたいと思い、防災や安全にかかわる仕事で起業しようと思ったのです。

人のために動き、想像を創造する企業に

当社では、企業理念として「人のために動く それが働くということ」「想像を創造する」「出来ない理由なんていらない」の三つを掲げています。

「人のために動く それが働くということ」は、お客様からの「ありがとう」の言葉をいただくために動きます。テレビ番組で、「働」という漢字の成り立ちについての質問があり、あるタレントが「人のために動く」と答えました。これはいい言葉だと直感的に思い、メモしておいたのです。もともとの起業の経緯が、人の相談に乗って感謝されたことでもありますから、この言葉が経営理念に当てはまると思ったのが企業理念としたきっかけで

す。

「想像を創造する」は、ある漫画で「人が空想しうる全てのことは、起こりうる現実である」という台詞がありました。またある作家は「人間が想像できることは、人間が必ず実現できる」と言いました。当社は製品の開発などもしている経緯から、この言葉は自社の理念にふさわしいと思い、理念として掲げています。想像できるものは創造できると確信し、製品開発を行っていく所存です。

「出来ない理由なんていらない」は、できない理由を探さずに、できる方法を考え、常に前に向かって進んでほしいから。自分はポジティブな性格で、なにかをやるとき「どうやったらできるかな」と考えています。これを会社全体でも共有していきたいと思いました。

「たまぼうすいばん」「たまぼう」により防災や災害復旧の効率化を実現する

現在の当社の主力製品である「たまぼうすいばん」「たまぼう」はコンサルト業の一環として、顧問先の製造業や建設業の企業の強みを生かした商品開発を行う中で生まれました。

「たまぼうすいばん」は、水害対策用の超軽量防水門です。浸水時のために土嚢を用意するとき、多くの人は「そもそも土嚢ってどこにあるの？」と思っているはずです。また土嚢が必要になったときは、販売店に人が集中して入手が困難になります。普段から用意するには大きくて重たく、大変です。またいざ設置するときも土嚢は重く、人手も時間もかかります。

もっと簡単に短時間で設置でき、普段は邪魔にならないように収納できるものがつくれないかと考えたのが、「たまぼうすいばん」開発のきっかけです。「たまぼうすいばん」は軽量なので、ご高齢の方でも一、二人で簡単に設置が可能。小型なので、普段は邪魔にならない場所に収納できます。

「たまぼう」は、木材の代替となる製品です。おもに製品を運搬する際に、製品下に置く枕木の代わりの製品として開発しました。軽量で腐食せず、なおかつ強度もあります。さらに、ささくれなどによる負傷も防止できるのが特徴です。ほかの用途として、「たまぼう」を並べて橋梁にすることもできます。想定しているのは災害復旧時、足場が悪いところに仮設橋梁として設置すること。仮設橋梁を使って物資の運搬や重機の走行ができれば、より効率的かつ迅速に復旧活動ができます。

特許取得の「レドックスフロー熱電発電」は大きな可能性を秘めた装置

「レドックスフロー熱電発電」は、冷却しながら発電する装置です。これは当社が特許を取得しています。「レドックスフロー熱電発電」は、趣味の発明・特許取得から生まれました。コロナ禍のときに「みんなが止まるなら、自分はなにかに挑戦してみよう」と考え、私は発明に注力することにしたのです。ある時、日課であるインターネットニュースを閲覧していたとき、おもしろそうな研究事例を2例見つけました。「その2例を掛け合わせたらおもしろいのではないか？」という発想から、「レドックスフロー熱電発電」が生まれたのです。

発電所は、冷却の必要があるから海の近くにありますよね。しかし冷却しながら発電できれば、海の近く以外にも発電所が建設できるうえ、効率的な発電が可能になります。冷却発電を使ったコンテナを開発すれば、青果物を海外などへも新鮮なまま運搬することも可能です。さらに、無電力地帯でも活用が広がります。

家庭レベルだと、風呂や台所の温水を活用して発電が可能です。四〇～五〇度あたりの温水は使用後そのまま流されており、活用されていません。これを活用して自家発電すれば、節電にもつながり、ひいては地球環境にもやさしくなりますよね。

さらに冷却発電装置は、暖かい空気を取り込んで冷たい空気を排出する仕組みです。この点は、地球温暖化にも効果が期待できます。

やりたいことはたくさんある。将来的には地球環境にかかわるようなスケールの大きな事業も視野に

私は好奇心が強く、試行錯誤していくのが好きです。やりたいことも、たくさんあります。いま考えているのが、太陽光パネルの軽量化のため、屋根瓦の代替品をつくること。また先日の能登半島地震では、お墓や石灯籠などがたくさん倒壊しました。重量があるので危険ですし、設置や復旧も大変です。ですから、お墓や灯籠なども軽量で安全性を高くできないかとも考えています。

将来的には冷却発電の「レドックスフロー熱電発電」に力を入れるなど、地球環境にかかわるようなスケールの大きな事業をしたいです。しかしそのためには資金が必要。その目標を叶えるため、現在の主力事業を伸ばしたり新製品を開発したりして、会社の名前を広めていきたいと思っています。

09 テクノロジーの進化を支える人材を育てたい

株式会社ロジカルソリューションズ

代表取締役社長　本田 修一

■ 〒103-0027 東京都中央区日本橋３丁目２番14号

新槇町ビル別館第一　２Ｆ

Tel 03-5776-3556

■ https://www.logisol.co.jp/

アプリ開発でお客様の特性に合わせて課題を解決

当社はＩＣＴ技術を使って、企業向けのアプリ開発やシステム開発を行っています。金融機関にはクラウドを活用した認証システムやスマートフォンアプリ、建設会社には営業支援や工事情報管理アプリなど、お客様のニーズに合わせた受託開発を得意としています。お客様企業が抱える課題を聞き、その課題を解決できるシステムの提案、開発を行っています。既に多くの企業で、大規模なシステムを構築していますので、当社はそのシステム内で安全確実に動作する製品を開発しています。プログラムで使われる言語は多岐にわたり、また言語によって利点も異なります。お客様の業務の特性に合わせた言語を選択し、提案しています。

現在注力しているのは「モノとアプリをつなげる」こと。具体的な例を挙げますと、ビルの入退室管理で使われるセキュリティーカードのゲート通過情報や、駐車場の稼働状況、工場内の機械管理など。センサーが感知した情報を、ユーザーが使いやすいデータに加工し画面表示することで、リアルタイムに現状を把握できるアプリの開発を進めています。

成長産業のＩＴ業界で、さらなる高みを目指して起業

大学では管理工学を学びましたので、マネジメント業務に関心を持っていました。当時から成長産業といわれていたＩＴ業界で、自分のマネジメント能力を試してみたいと思い、官庁向けのセキュリティを手掛ける企業に入社しました。業務は多忙を極め、週の半分くらいは家に帰れないといった日々が続きましたが、そのおかげで仕事を覚えることができ、自信もつきました。プログラマーから始まって、システムエンジニア、プロジェクトリーダーと経験を重ねていくうちに、仕事全体の流れも見えるようになりました。そこで気づいたことは「外注費が高い」こと。ＩＴ業界は一つの受注案件でも、開発、設計、構築、運用、保守と業務が多岐にわたります。そのため、案件ごとにさまざまな専門業者とプロジェクトを組む必要があるのです。その頃、企業がインターネット上で別事業者に業務を依頼する「クラウドソーシング」が普及し始めていました。

「官庁以外の業務も経験してみたい。それが自分自身の成長になる」と思い、フリーランスのプログラマー兼システムエンジニアとして起業することを決意しました。もちろん、先に述べたように「高い外注費」に収益性が見えたことも大きな要因でした。

起業後も支えとなった会社員時代の人間関係

起業後は、フリーエンジニアとIT事業者のマッチングを行うサービスに技術者として登録し、仕事を獲得していきました。順調に仕事が増えていく一方で、フリーランスの限界にも直面しました。個人で受けられる仕事というのはプログラミングやコーディング、IT業界では「下流」と呼ばれる業務がほとんどで、マネジメントやコンサルティングなど、「上流」の仕事には辿り着けないのです。下流の仕事もエンドユーザーとの契約ではなく、元請企業の二次、三次、四次といった下層のポジションでの受注となります。しかし実際にはエンドユーザーの担当者とやりとりをすることになり、「高いお金を払っているのだから」と、求められる仕事の水準も高いのです。仕事は安定したけれど、業務内容と受注額のバランスが取れていない状態でした。

そのジレンマから抜け出せたのは、前職の人間関係のお陰でした。退職後もしばしば連絡を取っていた元上司から、当時受けていた仕事よりも好条件を提示され、「うちと契約しないか」と提案されたのです。ただ、その会社も大手企業でしたのでフリーランスとの直接契約はできず、既存の得意先を経由しての受注となりました。それでも中間事業者の数が少なくなり、収益性は向上しました。

元上司とは良好な人間関係で、退職理由も理解してもらいましたし、引き継ぎは1年かけて行いました。その後も良い関係が続いています。サラリーマン時代の人間関係は、今も生きています。仕事も遊びも好きだったので飲み会は基本的に断らない。フットワークは軽く、同期でも上司でも遊びには参加していました。飲み会の席など業務を離れたところで、「仕事上はこう言っているけど」と本音が聞けたり、相談しやすかったり、人間関係はとても大切だと学ばせてもらったのもその頃です。

法人化とコロナ禍から学んだこと

個人のままで仕事を続けることはできたと思うのですが、扱う案件が大きくなるにつれて、取引先から「チームとして業務に当たれる体制を作ってほしい」と要望されるようになりました。将来のことを考えると、社会保険に加入できれば雇用もしやすいと思い、二〇一九年六月に株式会社化しました。

法人化したものの、信用情報がゼロの状態ですので、最初の二年は厳しい状況でした。コロナ禍で対面のコミュニケーションが取りづらい社会情勢だったこともあり、「耐える」二年間でした。当時はまだ社員を雇用していない「ひとり法人」でしたので、自分の仕事だけは確保して、赤字にならないことだけを考えて経営していました。

社員を雇用したのは二〇二二年から。一人目は前の会社の元同期社員です。退職後に連絡を取った時、「一緒にやろうか」と意気投合しました。コロナ禍の出口が見えてきた頃で、働き方が大きく変わっていました。テレワークは当たり前で、むしろ効率が良いこと、出社しなくてもコミュニケーションさえうまく取れていれば、プログラム開発ができることに気づく人も増えていました。通勤時間がないことや、家族を大切にしながら働けることもテレワークのメリットです。

ＩＴの世界は結果が全ての「成果主義」。納期までにプログラムを作ることができれば、勤務時間をきっちり守るという杓子定規な働き方は不要です。とはいえ仕事を頑張るにはモチベーションも必要ですので、個人のプロセスや努力も評価の対象にしていますし、資格手当や業界ではあまり例がない管理者へのインセンティブ制度を導入しました。

経営もコミュニケーションも、全ては「社員のために」

法人化して、初めて「経営者の視点」を持ちました。雇用のことや契約のことなど知識もノウハウもない状態でしたが、実践で税理士や社労士に学びながら「会社全体を見る」ということの大切さを知ったのです。プログラム開発だけすればいいのではなく、会社とはどうあるべきなのか。法律、資金管理、営業、社員の仕事を作ること……、今までは全て自分のためだったのですが、社員のために何ができるかを考えるようになりました。一口に「社員のため」と言っても一様に扱うわけにはいきません。「仕事一筋に生きていたい」「プライベートも大切にしながら働きたい」など、人それぞれの考え方が異なります。プロジェクトを組むときにも、個々の社員の思考や人間性が生きるような配置を考えています。そのためにも、以前にも増してコミュニケーションをしっかりとるようになりました。気をつけているのは、怒らないようにすること。だめなところははっきりと伝えますが、感情的になったり、「どうしてできないんだ」と追い詰めたりはしないように心がけています。理不尽な怒られ方で潰れてしまった人を何人も見てきましたので、「その人の得意を伸ばす」「気持ち良く仕事をしてもらう」ことに重点を置いて社員を見ています。

当社は完全テレワークなので社員と顔を合わせる機会は少ないのですが、常に全員に連絡できるようチャットアプリのグループを作っています。二カ月に一回程度、懇親会を開催して、皆が顔を合わせる場も設けています。自主参加なのですがほぼ毎回、社員全員が参加しコミュニケーションを深めています。

技術者を大切に育てれば、会社も成長する

経営者として大切にしていることは「人材を大切にすること」。どんなにテクノロジーが発達したとしても、それを扱うのは技術者。技術者を大切にする会社でありたいです。

成果を出した人はしっかり評価してあげたいですし、プロジェクトに適合できない社員は、他のプロジェクトに配置換えをして能力を生かしてもらえるように。社員とちゃんと向き合っていきたいです。

経験の浅い若手社員でも、「やればできるかもしれない」という発想で作業を振ることがあります。やってみれば、新たに得意なことが見つかるのではないかと。その範囲は制作から管理まで幅広い分野にわたります。「やってみなければ分からない」というのが基本。育成しながらできることを増やしていけたらと思っています。

今はまだ小規模な会社なので、案件獲得には全て社長の私が動いていますし、同時進行する数件のプロジェクトの全てにも関わっています。ＩＴ業界の営業は、技術者が兼任できるのが理想です。質の高い仕事をしていると得意先から「こんなことができませんか」と別案件の相談があることが多く、そこで社員がシステム寄りの提案ができれば、専任の営業社員は不要です。実際、当社には営業社員はいません。社員の技術レベルを上げていけばそれが自信となり、得意先への提案、営業といった結果につながります。その意味でも人材育成が、会社経営にとって大きな価値を生むことになるのです。

原動力は「好き」を仕事にできる幸せと、人の縁

起業して以来、ここまで順調に事業を推進してこられたのは、「楽しいこと」を仕事にしているからだと思います。私は今も、プログラムを作っている時が一番楽しいのです。しかし、好きというだけで仕事が成り立つほど世の中は簡単ではありません。案件がないときに仕事を紹介してくれた取引先の方、私と一緒に新規の提案をしてくれた方、さまざまな人たちの支えがあってこそ、できていることだと思っています。

まだ事業規模としては小さな会社ですが、社員全員のレベルを上げて、少人数でも大きな案件をこなせるだけの力をつけていきたいです。特にＡＩ活用については技術者の数が少なく、大きな伸び代が見込めます。ＡＩで私たちのビジネスをどれだけ便利にできるか、常に「最新」に着目して技術を磨き、チャレンジを続けていきたいと思っています。

10 自分らしく生きていける人を増やす「人生の伴走者」

合同会社LOHAS KYOTO

代表 大倉 晶子

■〒606-0833 京都府京都市左京区下鴨前萩町19

Tel 075-706-7620

■https://www.lkyoto.jp/

利用者様のニーズに合わせて生活全般を支援

私たちＬＯＨＡＳ ＫＹＯＴＯは、精神障害や発達障害を抱える方を中心に、生活全般のご支援をしています。主軸としているサービスは三つ。一つ目が、ご自宅を訪問して生活を医療的な観点からサポートする「訪問看護」、二つ目は「訪問介護」と呼ばれる、食事や入浴、洗濯などの生活援助をするお仕事。三つ目が、身体・知的・精神に障害を持つ方を対象としたサービスのプランを作成する「相談支援事業所」です。いずれも、利用者様は子どもから高齢の方まで幅広くいらっしゃいます。

会社としての営業時間は九時〜一七時ですが、ご希望に応じて時間外・休日も柔軟に対応しています。例えば「夕食をもう少し遅い時間にしたい」というように、利用者様がお困りになるタイミングは、就業時間内とは限りません。会社側の枠組みに利用者様を当てはめるのではなく、一人ひとりの状況に応じてご支援しています。

三つの事業を軸に歩んできましたが、二〇二三年には「LOHAS Academy（ロハスアカデミー）」という新事業を始動させました。専門資格を有したプロのトレーナーが講座や一対一のカウンセリング・コーチングを行うサービスです。人生や仕事、人間関係など、利用者様のどんな小さなお悩みにも対応して、心の深いところにあるしこりをほぐすお手伝いをします。

さまざまな調査において、日本人は諸外国に比べて自己肯定感が低いことが分かっています。一方で、悩みを抱えていても専門機関に相談できない方は多い。「ちょっと話してみたらスッキリした」。そのくらい気軽に利用してほしいのです。「自分にはこんな良い所がある」「自分にもできる」と利用者様が明るい未来に向かって小さな一歩を踏み出して、自分らしく生きていくための一助になれたらと願っています。

前職での経験を糧にLOHAS KYOTOを設立

LOHAS KYOTOを設立した二〇一四年まで、私は大手精神科病院に約二〇年間勤務していました。ちょうどバブル崩壊のときで、「安定した仕事に就きたい」という理由で選んだ就職先でした。私が生まれ育った地域に精神科病院があったので、小さな頃からどこか意識していたのかもしれません。

お恥ずかしい話ですが、最初は精神科病院に怖い印象を持っていました。けれど、入職直後に見た、患者様が避難訓練に実直に取り組む姿から、その心の真っ白さに気付かされて、怖いという気持ちなんて、すぐどこかにいきましたね。

勤務先は確かに職員も多く労働条件が安定していて、就業規則で決められた九時~一七時にサービスを完了させ、祝日や年末年始はしっかり休めるという働きやすい職場でした。

けれど、それが離職を考えるきっかけでもありました。

「夜にお風呂に入りたい」「病院や役所が休みの日が不安」。働く中で、利用者様からそういったご要望がとても多くありました。私の中で、「もっと利用者様のニーズに寄り添いたい……」という思いが日に日に大きくなっていきました。

サービスの枠組みをなんとかできないかと勤務先に繰り返し折衝したのですが、大きな法人だったこともあって、改善は難しかった。「ならば自分で会社を創ろう」と決断して、考え方に賛同してくれた仲間とともにLOHAS KYOTOを設立しました。事務所はアパートの一角、しかも私を含めたった四名でのスタートでしたが、ありがたいことに、理念に共感してくれる仲間が年々増えて、現在、社員は五〇名を超えています。

ここまで歩んでくる中で、もちろんトラブルや困難もたくさんありました。けれど、私たちは、全ての出来事には意味があって、それが今後の糧になると信じています。一見すると大変なことも「新たな気付きを生む」と捉えて、前を向き続けてきました。

「してあげている」のではない。利用者様と同じ目線で

この仕事をしていて特にやりがいを感じるのが、利用者様と接しているときです。利用者様が生き生きとお話しされる様子を見ると、とにかく嬉しくて。中には、長い間悩んで

こられた方もいらっしゃいます。「LOHAS KYOTOは三つのサービスがそろってい
るから、今が一番安心して生活できている」と言っていただけたときは、この会社を作っ
て良かったなあ、と心から思いました。

「精神障害」や「発達障害」と聞いて暗いイメージや特別なイメージを持つ方もいらっしゃるかもしれません。ですが、精神的な悩みを抱えてクリニックを利用する方は増えていて、支援の必要性・重要性が社会的に高まっています。それに近年は、若年層の発達障害の方も増加傾向にあるので、「サービスを受けてもいいんだ」という空気が少しずつ広まってきていると感じます。利用者様が少しでも心を軽くして、住み慣れたご自宅で安心して生活できる。そこに、私たちが存在する意義があります。

当社がサービスを提供するうえで大事にしているのが、利用者様と同じ視点に立つことです。この仕事では、誰しもが無意識のうちに「～してあげている」という感覚になってしまう可能性があります。カンカン照りの日も突き刺すような寒さの日も利用者様の元に伺いますから、大変なときがあるのも事実です。

だからこそ、代表者である私は、日頃から自分の言葉で社員にメッセージを伝えて、全員が利用者様と同じ目線でい続けることができるよう努めています。トップの意図や思いが明確に伝わることで、社員は初めて自分のやるべきことに納得できる。そして、自らの仕事に情熱を注ぐことができると思うのです。

現場にしか答えがない仕事だから、社員の主体性を尊重

時折、福祉系の仕事にボランティア精神を求める声を耳にします。もちろん、そういった精神も大事でしょう。けれど私たちは支援者として「プロ」です。真剣に働いて、その対価を適切に得る、というプロ意識を持つことが大事だと思っています。

プロとして仕事するためには、組織として同じ方向を向きながらも、一人ひとりが支援者であることをしっかりと自覚したうえで、自分なりに行動する必要があります。ですから仕事では一人ひとりの主体性を尊重していて、「こうしてほしい」「これをしないで」と指示することはありません。ですが、自分たち中心の利己主義な支援をしてしまう場合はこの限りではありません。利他を大切に考えられることも今後ますます重要になってくると思います。

何より、私たちの仕事は、現場にしか答えがありません。その人なりに思考を巡らせながら仕事をすることで成長できるし、同時に、利用者様との信頼が培われていくのではないかと思っています。「〜さんが今日はこんなご様子だったんです」。スタッフが仕事中にそう声を弾ませていると私も嬉しくなります。

一方で、この仕事にはチームワークが欠かせない要素です。生産性を高めるために、近頃、最新のＩＣＴを導入して、リアルタイムで情報共有ができる体制を整えました。その

ときどきの利用者様の状況に応じた、より柔軟な支援が可能になり、社員にとっても直行直帰できるというメリットがあります。サービスの質と働きやすさ、両方を向上できる取り組みを今後も進めていきたいと思っています。

私たちが毎月手にする給料とは、ただの金銭以上のものです。これは、私たちのサービスに対する価値を評価してくださるご利用者様からの感謝状なのです。お金という形で表現されるこの感謝状は、私たちが提供するサービスが実際にご利用者様の生活にどれだけ貢献しているかの証です。

私たち一人ひとりの努力が、大切な誰かの日々を少しでも豊かにしているという事実に改めて感謝し、その実感が私たちの成長と向上への原動力となっています。

障害についてオープンに話せる社会に

二〇二三年七月、地域のつながりを支援する取り組みとして、こども食堂プロジェクトをスタートさせました。現在は週一で開催していて、一二歳までは無料です。地域の方々と一緒に活動したい、そして、これからの社会をつくっていく子どもたちを支援したい、という思いから活動を始めました。

食堂には当社の利用者様もよくいらっしゃいます。子どもたちと一緒にカレーを食べたり、ボードゲームをしたり。子どもたちは、最初は「変わった方が来た」というような反応をすることもありますが、同じ空間で過ごすうちに心を通わせていきます。

大人から教えられたことに対して「これが常識」「こうあるべき」と思い込んでいる子どもって少なくないと思うのです。けれど、それは可能性を狭めてしまうことにもなりますよね。小さいうちから多様な方々と接することで、価値観を広げるきっかけにもなったらと考えています。

今は地域に密着していますが、いずれはエリアを広げられたらと思います。最終的に目指すのは、障害についてもっとオープンに話せる社会です。例えば、誰かの家にヘルパーさんが来ていたら、「あそこの家、何かあったのだろうか。病気なんじゃないか」などと噂話が広がったりすることがあります。そうすると本人は周りの目を気にして、余計誰にも話せなくなるという悪循環に陥ったりします。

自分についてオープンに話すことができる。そして、自分らしく生きることができる。そんな人を、私たちは、事業を通じて一人でも多く増やしたい。より明るい未来を目指して、LOHAS KYOTOはこれからも、一人ひとりの人生に伴走し続けます。

11 お客様からの要求に、熟練の技術と短納期でお応えする

株式会社石田鉄工所
代表取締役　石田　誠一郎
■〒555-0001　大阪府大阪市西淀川区佃５丁目10－16
Tel　06-6770-9145
■https://www.ishida-iron.com/

同じものは作らない「製缶業」

弊社の事業は、ひとことでいえば「製缶業」です。プラントや工場で使われる大型のタンク類や沈殿槽、大型プラント架台、それに付随する配管や手摺などを製作します。さらに関連設備や機器類の製作設置も手がけています。

あとは建築金物ですね。ダクトなどに使うパイプや排気口、各種の吊り金具など、多種多様なものを扱います。

缶にしても建築金物にしても、現場によって必要な大きさや強度、素材などが違ってきますから、まずは図面をいただいて、そこからどんな金具が必要か、図面を起こして製作していきます。

また工場内の機械・機器類の設置据付工事や空調機器、監視カメラなどの産業機器の製作・設置も行っています。近年では環境負荷の低減に積極的なお客様が増えてきましたから、有害物質の除去など、環境改善機器や廃棄物処理設備の製作設置のご依頼も多いですね。

私たちの仕事では、いただく案件によって作るものが毎回違いますし、似たようなものを作るにしても、大きさや形がそれぞれに違うというのが常です。機器類の設置でも、現場の状況によっては思い通りに収まりがつかない場合もあります。そのため安全確実に稼働するように設置するのは、決して簡単ではありません。それでも、多くの案件を通じて培ってきた技術で、お客様の信頼にお応えできていると自負しています。

やればやるほど奥深い、鉄工という仕事

この仕事は、図面通りに作っていけばそれでＯＫ、というものではありません。いろいろなところで、経験値というものが必要になります。

たとえば溶接です。この作業では二つの部材をつなぎ合わせていくわけですが、かなりの高熱が出て、部材が熱膨張を起こします。それが冷めていく段階で、縮みが発生するのです。ですからこの「縮みしろ」を考えずに溶接していくと、最終的に部材が歪んでしまい、設計上の寸法公差から外れてしまう、ということが起こります。

私たちにとって寸法公差は、何が何でも守らなくてはならないものです。そうでないと、他の機器や設備とうまく接合できませんし、できたとしても稼働中に不具合が起こるリスクが高まります。ですからそこまで計算に入れて、仕事を進められる人が、一流の職人なのだろうと思います。

ただ実際には、この仕事は「やればやるほど奥深いな」という印象がありますね。まだまだ知らないことや分からないことが多く、「もっと勉強しなくては」と痛感することは

多々あります。

「一〇年後、三〇歳で独立しよう」

私がこの業界に入ったのは二〇歳の頃です。故郷の宮崎を飛び出して、まずは大阪で塗装会社に勤めたのですが……。なにしろ外壁塗装は吹きさらしの中での作業です。冬の寒さがきつく「これは無理だ」と音を上げて、それから鉄工所に転職したのです。

当時は「一人前になるまで一〇年」と先輩方に言われていました。「あと一〇年辛抱すれば、きっとお前たちの時代が来る」と励まされたものです。ひととおりの作業を習得して、一人で仕事を回していけるようになるまで、それほどの時間がかかるということなのですが、私は単純に「そうか、一〇年で一人前になれるなら、一〇年辛抱して仕事を覚えて、三〇歳になったら独立してやろう」と決心しました。

およそ人生の転機というのは、向こうからやって来てくれるものではありません。「実力がついたら」「機会が来たら」などとのんびり構えていては、いつまでもその機会はやって来ないと思っていました。ですから自分で「一〇年後、三〇歳で独立するんだ」と期限とゴールを決めて、そこに向かって動き始めました。あの時の決意通りに三〇歳で独立し、現在に至っています。

創業から短期間で着々と規模を拡大

最初は二〇坪の小さな工場で、個人事業主として石田鉄工所を立ち上げました。二〇一七年の一月です。それから半年後に少し広い三〇坪の工場に移り、さらに二年後には五〇坪に。二〇二二年には、現在の一五〇坪の工場に移って、法人化も果たしました。

創業から五年での拡大ですから、確かに急成長かもしれません。ですが私自身は、特に戦略があったわけではありません。ただ、工場が大きくなれば、より大きなモノを作れますし、多くの仕事を請けられます。実際にお客様から「もっと大きな工場に移れば、もっと仕事を出せるんだがな」と残念がられたこともありましたから。

リップサービスかもしれませんが、確かにその通りだと私も合点し、より広い場所へ移り、人を入れて……と、お客様のご要望に応えられる体制を整えてきました。今の工場は、トラックの搬入スペースを差し引いても、余裕の作業スペースを確保できます。

ただここまで来るにはずいぶんと周囲に助けていただいたなと思います。お客様からお客様をご紹介いただいたり、新規開拓の飛び込み営業で、快くお仕事を出してくださったり。そうした点は恵まれていました。また工場が大きくなったところで大型製缶を行えるようになったことも、拡大によって得られた大きなメリットです。これまで周囲の方々からいただいたご助力にお応えする意味でも、「三方よし」の精神で仕事に向き合っています。

こだわりすぎず、短納期を追求する

私たちの強みは、第一に短納期です。必要な機能と性能を備えたものを、一日でも早くお客様にお届けする。この点については、同業他社に決して劣らないと自負しています。

私たちはプラントや工場の設備や機器を作っていますが、納期が遅れればその日数分だけ、お客様は工場を止めなくてはならない。あるいは、古い傷んだ機器を使い続けなくてはならない。つまりお客様の事業を止めてしまうことになります。ですからできるだけ短納期で納品できる体制を整えています。時には「これは無理かも……」と感じるご依頼もいただくのですが、諦めずにあれこれ考え、動いてみると、予想以上に早く納品できたりもするのです。

また短納期に貢献するやり方として、素材を調達する段階で、材料屋さんに下加工をお願いする、ということもあります。一次加工を済ませた材料を搬入していただいて、それを私たちが組み上げる。これなら社内での工程を短縮でき、作業の回転数が上がって、早期に納品することができるのです。また一次加工を材料屋さんに外注することで、きれいな状態で材料を仕入れ、すぐに加工にかかることができるのもメリットですね。

他には短納期を維持する方策として、弊社では「こだわりすぎない」ということをモットーにしています。

これはどんな業界でも同じだと思うのですが、職人というのは程度の差こそあれ、とかく自分の仕事の仕上がりにこだわるものです。「この仕上がりは美しくない」という具合に。

確かにそうした細かな仕上がりが求められる仕事もあります。そうした仕事は、こだわりの強い職人に任せて、美しい仕上がりを追求してもらいます。ですが多くの場合、お客様が求めるのは、見た目の美しさよりも機能性と性能です。私たちは芸術家ではありませんから、こだわりすぎず、求められる製品を早く納めることが大事だと考えています。

弊社ではひとつの製作物を一人の職人が最後まで手がけるのが基本で、それだけに個々の職人の個性が製品に反映されやすい、という面があります。ですから一人ひとりの職人の特性、個性を見きわめて、適材適所で仕事を割り振っていくよう、心がけています。

現場での経験を生かした環境作り

会社を立ち上げてからは、私自身が現場で手を動かす機会はかなり少なくなりました。これは当然のことで、経営者としてやるべきことは山のようにありますから、いつまでも現場にしがみついているわけにはいきません。

このことは、他社の経営者さんから教えていただきました。経営者が現場に出ていたら、職人の手が空いてしまう。それは組織として損失になる。だから経営者は、現場の職人が存分に手を動かし、稼げるように、段取りよく仕事を取ってくることだ。つまりは「経営者は机の上で仕事をしろ」と、その方から教えていただきました。その通りだと思いますね。いくら職人上がりだからといって、経営者がいつまでも現場に出ていたら、周りの職人だって仕事がしにくいでしょう。

ですが私自身が現場で育った人間ですから、現場の職人が動きやすい、働きやすいような環境作りは、常に心がけています。昨今では職場の就労環境の健全化が、あらゆる業界で叫ばれています。私もこれまでの経験から、職場の環境整備には神経を使っています。私の修業時代といえば、ろくろく休憩も取れないような環境でしたから。当時はそれが当たり前だと思っていましたが、今はそんな時代ではありません。

それよりも何よりも、製缶業という仕事は、完全に機械化することができません。熟練工の手仕事がなければ、できない仕事なのです。だから、職人には心身ともに余裕のある状態で、モチベーションを維持しつつ、仕事に集中してもらいたい。それができる環境を整えるのが、私の仕事です。

熟練工の経験知を若い世代に

鉄工は、決してなくならない仕事です。人を支える場面に鉄がある限り、繊細な手作業が不可欠な鉄工という仕事は、なくなることはありません。時代が変わっても、必要とされる仕事なのです。となると大きな課題は、技術の継承です。

弊社では今のところ、最高齢七四歳の方が現場で活躍していますが、彼に今年から入った若者をつけて、育成と技術の継承を図っています。「見て覚える」のは職人仕事の基本ですが、若い職人にはそれとは別に、就業時間中に練習させたり、技能講座を受講させたりしています。時間と場数をかけて身につけた経験値というのは貴重なものですから、次世代に継承していかねばなりません。

まだまだやりたいことや解決しなくてはならない課題はあれこれあるのですが……今は基盤固めの時期だと思っています。まずは足元をしっかり固めて、私がいなくても現場が回っていくようにしなくては。その上で、次のステージに踏み出したいですね。

12 スポーツを通じて子どもたちの「夢」を守り、家族の笑顔を育む

株式会社Future Protect

代表取締役 關口 清

■〒120-0034 東京都足立区千住1-4-1 東京芸術センター 10階

Tel 03-5284-8916

■https://future-protect.jp/

『未来TV』URL

https://one-stream.io/user/dbzxUoyULWdshwWXVsi5JQLqpVn2

減少する子どもたちのスポーツ機会

私たちFuture Protectは、スポーツ教室の企画・運営をはじめ、セミナーの開催や動画コンテンツの配信などをしています。講師を担当するのは、現役アスリートや元アスリートといったスポーツ領域のプロたちです。

当社の理念は「スポーツで社会を元気に！」。社名のとおり、スポーツを通じて夢を持つ子どもたちと家族の未来を守るために、二〇二三年六月に事業を始動させました。

文部科学省が公表している「全国体力・運動能力、運動習慣等調査の結果」によると、小中学生の体力が、二〇一九年を境に男女ともに急低下しています。背景にはさまざまな要因がありますが、その一つがスポーツをする時間の減少です。

以前は、空き地や原っぱのような自由に体を動かせる場所が身近にあって、学校が終わったら、野球やサッカーあるいは鬼ごっこなどをして遊ぶのが当たり前でした。「小さい子は二回タッチされたら鬼ね」なんて自分たちでルールを作ったりしながらコミュニケーションを取り、人との関わり方を自然に学んだものです。

ですが、近年は子どもたちが自由に遊べる場所が減って、学校以外で体を動かす機会のない子どもが少なくありません。こういった状況が続くと、体力が低下するだけでなく、スポーツを通じた子どもたちの可能性も狭まります。

「だったら、スポーツをする機会を誰かが提供すれば良いじゃないか」。私たちのプロジェクトはそこから始まりました。

夢のなかった少年が起業に至るまで

この事業の根っこには、夢を持っていなかった私自身の過去があります。

私の実家は父が創業した酒屋で、小さい頃は、「将来はお前が継ぐんだ」と周囲からよく言われました。私も自分が継ぐものだと思い込んで育ちましたから、「夢を持つこと」とは無縁の少年時代でした。

社会人になって最初は、「まずは修業に行ってこい」と父や周囲の方に言われて小売店に勤めましたが、数年後に父が倒れ、急きょ実家に戻ることになりました。「自分が酒屋を継ぐタイミングがきた」。当然ながらそう思いました。

しかし当時、それまで主流だったデリバリー型の酒屋は、共働きの増加やスーパーの台頭、冷蔵庫の大型化などの影響で衰退の一途をたどっていました。うちの店も例外ではなく、経営が難しくなっていたのです。結果、酒屋は父の代で畳むことになって、私は途方に暮れました。

そうして、腰かけ的に自動車学校の斡旋をする会社に勤め、二年後に事務用品のレンタル会社に転職。そこで十年間勤務したあと、四十代半ばで外資系の生命保険会社に勤めました。保険営業の仕事は、いわば人生のコンサルティング。自分の性格に合っていたのか、「やっと天職に出会えた」と感じるほど楽しい仕事でした。

生命保険の営業をしているときに、「自分の子どもを応援したい」という親御さんが世の中にたくさんいらっしゃることを知りました。親御さんの思いを形にしたい。そういう気持ちが日を追うごとに大きくなっていきました。

私自身、息子が小学一年生のときから野球をしていて、夢中にプレーする姿を見ながら、必死になって応援した経験があります。試合中に顔をぶつけた後、ベンチに下がりたくないと、試合に出たいあまり、頬から首にかけて大きな湿布を貼ってまでプレーした姿は、今でもハッキリと記憶に残っています。子どもの一つひとつの成長が、家族にとってもかけがえのないものになりました。

息子を応援する中で、私の野球を通したご縁も広がっていき、見学をするうちにチームのコーチになって、最終的には監督までやりました。のちに、息子が在学した野球の強豪大学の後援会長も務めています。

創業の後押しになったのも、野球を通じたつながりでした。二〇二二年一二月、息子や知人に協力してもらい元読売ジャイアンツの選手を招いて野球教室を開催したところ、大きな反響があって。「力を貸すから事業化しよう」。たくさんの方にそう声をかけていただき、還暦を迎える年に会社を立ち上げました。

「人のつながり」を礎にして事業を広げる

設立から日が浅い当社ですが、有名スポーツ選手や、そのサポートをしていた方などからお声がけを頂き、ありがたいことに、チーム・Future Protectのメンバーはどんどん増えています。

私たちのような小さい会社は、SNSやインターネットで呼びかけても、協力していただける方を募るのは難しい。今は、私や知人のつながりを頼りにお声がけをしています。スポーツに没頭してきた方って、自分のしてきたスポーツに恩返しをしたい気持ちが強いのでしょうね。当社は会社というよりも一つの「チーム」として、全員が熱い思いを持って活動しています。イベントの中で、私は必ず保護者や指導者の方とお話をするようにしています。皆さんから「またやってください」という声を頂いたり、生き生きしている子どもたちを見たりすると、この事業を始めてよかったと思えます。

当社のサービスは子どもたちに向けたものだけではありません。スポーツ教室と同時進行で、現役プロアスリートをサポートしてきた栄養士やトレーナーなど、多彩な専門家が講師となり、親御さん向けの講習会を開いています。親御さんからは「うちの子、太り気味なのですが、炭水化物を控えた方がいいでしょうか？」というように、毎回様々な質問が飛び交います。

健康や暮らしをテーマに、コンディショニングに関する情報を動画で配信する「未来TV」というサービスも行っています。価格は月額三三〇円。これには、シングルマザーやシングルファザーの方でも手の届く範囲で利用できるように、という思いがあります。今は一方向からの配信型ですが、リアルタイムで質問できるライブ形式にするなど、さまざまなニーズへの対応を模索中です。

四七都道府県のどこかで毎月イベントを

スポーツを通じて子どもたちに身につけてほしいと思っている能力の一つに「状況判断能力」があります。価値観や考え方が異なる一人ひとりに合わせてコミュニケーションを取ったり、トラブルが起きたとき柔軟に対応策を考えたりするうえで、状況判断能力は欠かせないと思うのです。勉強はもちろん大切。ただ、そればかりにならず、スポーツと勉強を両方頑張った方が、社会人になったときに役立つのではないでしょうか。

私たちがこれから力を入れたいのが、「スポーツを始めたいけれど一歩踏み出せない」という子どもたちをいかにしてフォローするか。実際に、官民連携も視野に入れてその動きを進めている最中です。

いつかは四七都道府県のどこかで毎月イベントを開催できるような体制にしたいですね。フランチャイズに近い形で他社さんと手を取り合いながら、そのエリアの担当は各社に担ってもらえたらと思い描いています。

「夢」を持つことで前に進める

近年、夢を語れる人が少なくなってきたように感じます。保険会社に勤めていた頃にスカウティングも担当していたので、若者との面談で「あなたの夢は？」とよく聞いていたのですが、即答できる人ってほとんどいなかった。「学生の頃は目標があったんですけど……」とか、大人になるにつれて目標を失う人が多いようです。

少し、たとえ話をします。

場所は古代エジプト。ピラミッドをつくる仕事をしているAさん、Bさん、Cさんがいて、「あなたは何の仕事をしているのですか？」と質問したとします。Aさんは「石を運んでいます」、Bさんは「ピラミッドという建物をつくっています」、そしてCさんは「エジプト文明をつくっています」と答えました。働く時間もかかる労力も同じなのに、回答が全然違うわけです。

恐らく、この三人は上司が違うのだと思います。Aさんの上司は「とにかくやれ」と言い、Bさんの上司は仕事の説明をしたのでしょう。ではCさんの上司は？「夢」を語ってくれたのではないでしょうか。自分たちのつくったものが、後世の人たちをワクワクさせるんだ、と。

やっぱり私は、夢を持つこと、夢を語れることって、人生を豊かにするうえで大切だと思います。夢を堂々と語ると、周囲から笑われることもあります。けれど、そんなことは気にせずに精一杯チャレンジしてほしいのです。できる・できないは別。できなかったら、方向転換してまた頑張ればいい。一歩踏み出さなければ何も始まらないし、夢があれば、それを原動力にして前進できますから。

私たちはこれからも、「スポーツで社会を元気にする！」という想いを原動力にして進み続けます。

13 諦めずに行動し続けた経験が、想像を超える結果をもたらしてくれる

株式会社RICE CLOUD

代表取締役社長　**立原　圭**

■〒336-0017 埼玉県さいたま市南区南浦和２丁目40-1
第２愛興ビル３階
Tel 048-400-2935

■https://www.rice-cloud.info/

クラウドサービスで企業の課題解決をサポート

人材不足や既存システムの見直しなどで、多くの企業が業務システムの見直しを迫られる昨今、事業課題の解決は、いかにシンプルかつ迅速にプロジェクトを進行させるかが鍵を握っています。当社は、SaaSと呼ばれるクラウドサービスを活用したシステムの導入、開発で、企業の業務課題の解決をサポートしています。

オンプレミス型と呼ばれる、企業が自社のインフラ内で業務システムを構築する場合、導入期間が長くなったり、開発・保守費用が高くなったりといったデメリットが生じていました。議論ばかりが何カ月も続いて、実装に至らないことも多いのです。

SaaSは、インターネット経由でユーザーがアクセスすることによって利用できるサービスのこと。ビジネスチャットやオンラインストレージ、基幹業務システムなど、幅広い分野で提供されています。SaaSでの業務システム開発は、自社設備が不要な上に、運用コストを抑えることができ、何よりも開発期間を格段に短くできるメリットがあります。当社はSaaSに特化した「事業課題を解決する業務システム」の導入／開発に取り組んでいます。

時間も費用も抑えられる開発手法「アジャイル」

僕自身はＲＩＣＥ ＣＬＯＵＤの前身の会社を経営していた頃から、SaaS導入に取り組んでいました。SaaS型のＥＲＰ（基幹系情報システム）は数が少なく、現在も三、四製品あるくらいで、日本国内にSaaSの知見があるベンダーも少ないのが実情です。

多くの企業が、ＩＴ導入の際に現行踏襲の意識が根強く、業務を変えずにシステムを変えただけで非効率な業務を維持してしまっています。クラウド型のシステムを提案するベンダーも増えてきてはいますが、そのほとんどが、要件定義ができないと動けないという旧来の思考のまま。SaaSのサービスは、契約してログインすればすぐに使えるのに、何カ月もかけて机上で「ああしたいこうしたい」と要件定義をしているのです。企業によっては、システムの許容度を超えて、できないことまで議論しています。当たり前ですけど、いざやってみるとできません。それでも要件定義を繰り返し、失敗している例が多いのです。

僕はＩＴ業界の経験が長いわけではありませんが、周りの人たちの動きを見て技術や手段の話ばかりでお客様が解決したい問題や悩みが置き去りになっている状況に違和感を持っていました。お客様の側も、システムベンダーと会話が通じずにモヤモヤを抱えていました。特に、伸び盛りのベンチャー企業は業務が日替わりです。三カ月かけて要件定義をして開発しても、「それは三カ月も前の話でしょ」と、ミスマッチが起きます。最も早く、効率的な導入を実現するために「アジャイル」というコンセプトに行きつきました。アジャイルとは、試行錯誤しながら状況変化への対応を繰り返す「適応型」のアプローチ。すなわち「ログインして、使ってみて、ダメだったところは変えればいい」という開発手法です。検討に二年、三年かけたところで実装しなければ何も意味がないのですから、とりあえずやってみて、それから考えるのです。実際に動いている画面を見て、良いとか悪いとか判断した方が、時間的にも費用的にも無駄がないはずですから。取り組み始めた当時は画期的な発想で、理想論として考えてはいても実現できるベンダーが存在しませんでした。しかし、先見性のあるお客様が求めているやり方でした。

転職とスキルアップを繰り返し、二〇年後に起業

ここまでの僕の人生は、まったくキラキラしていません。茨城県水戸市の商業高校で簿記を勉強していた時、当初は何をやっているか分かりませんでしたが、途中で「会社というものは全部数字に置き換えられて、財務諸表が作られて……」と、経営に興味を持ちました。車が好きだったので、卒業後は地元のガソリンスタンドに就職。当時はライブドアが急成長を遂げていて、心の中で「いつかは俺も」と思っていました。五年後に通信制の

大学に入学し、横浜の車関係の会社で営業職に就きました。その後、東京の会社に転職。大学院に進学し、二八歳でＭＢＡを取得。大学院の先生の縁で、コンサルタント会社に就職し、中堅企業の分社化やＭ＆Ａといったプロジェクトを手掛けました。すると、得意先企業がよくわからないシステム投資に一〇億円も使っているのです。分社化には数百万円でもＩＴには億単位の投資をしています。やっと興味のある経営分野の仕事ができるようになったと思ったら、隣で二桁三桁大きい話をしているわけです。これはＩＴ業界に行かないとダメだと思い、三〇代前半でＩＴ業界に入りました。

ＩＴの現場に常駐し、経験を積みました。二〇一六年頃にSaaSの業務システムを扱う会社に入り、その後、国産SaaSメーカーに入社。数年の間にＩＴ導入の現場の課題や困りごと、ベンダーの迷走を目の当たりにしました。二〇一九年七月、三六歳で起業。二〇歳前後から抱えていた「いつかは俺も」の思いが、ようやく形になったのです。でもそれは積極的な動機ではなく、「もう転職はいいから、そろそろ一回やってみようか」という消去法でした。言ってみれば二〇年間ビビってできなかったのです。

事業成長と会社の売却、ＲＩＣＥ ＣＬＯＵＤの設立

やるなら「明日死んでもいい」と思えるくらいやれることをしたい。ＳａａＳに関わる

ことは、僕にとってそういう仕事でした。市場が伸びていて、合理的で、メーカーもベンダーもユーザーもハッピーになれる仕事です。死ぬ気でやる分、上手くいけば相応の見返りが、結果も出ます。自分だけが儲けるのではなく、三者がハッピーになるというのは僕の価値観としてとても重要でした。

事業は僕が描いた計画以上に成長し、あまりの成長度合いに僕自身がついていけなくなりました。さまざまな問題も起き、自分は身を引いて会社を引き継ぐべきと考え、三期目が終わった頃に会社を売却することになりました。

やり残したＳａａＳ導入事業を引き継ぐかたちでＲＩＣＥ ＣＬＯＵＤを設立しました。

目指すのは普通に仕事して、普通に報われる会社

当社の働き方は、コロナ前から完全リモートワークです。「クラウドを推進していきましょう」という会社なのですから、クラウドをフル活用するのが当たり前。物理的な制約は可能な限り取り払いました。「会社に来てこんなに頑張ったんです」という言い訳はできません。成果を出すために、働く場所と時間は自分で考える。成果主義を採用しています。入社希望者には事前に説明して、「そういうのがいいです」という人だけを採用。もちろん給与テーブルもあって、感覚だけで給与や役職を決めないように留意しています。

会社は、社員みんなが自身の役割を担っているからこそ成立するもの。それぞれの得意分野を発揮して集団として強くなればいいと思っています。

ＲＩＣＥ ＣＬＯＵＤは「アラフォーが輝く会社」にしたいと思っています。就職氷河期が重なり四十代の生き残りはどこの組織でも少数派です。世の中で、アラフォーが心地よい場所はあまりないのです。五十代の人は、ＩＴが分からなくても、役職という力を持っています。ベンチャー志向の強い二十代、三十代は、頭はいいのかもしれませんが絶対的な経験が足りなくて話が合いません。真面目に、普通に仕事をしたくても、旧来型の年功序列企業で働くか、勢い任せで突っ走るベンチャーに行くか、外資のソルジャーになるか、独立するかしかありません。普通に仕事をして普通に報われる場所はあまりないのです。ＲＩＣＥ ＣＬＯＵＤがそういう場所になったらいいと思っています。当社の平均年齢はおよそ四〇歳。狙って採用した訳ではないのですが、自然とこうなりました。

一〇〇億円企業になるために、できること

僕は今、四一歳です。そして、四〇年間上手くいかなかったことが、プラスになっているると思うのです。部活や学歴、職歴にも誇るものがありません。上手くいかないのが基本なので会社をやっていける、打たれ強さのようなものがあります。地味だけど強い企業の

経営者は、こんな人が多いのではないでしょうか。「俺でもできたんだから、みんなできるよ」と言いたいです。個人として突出した能力はありません。ただ「諦めが悪い」ということだけでここまできました。

僕は追い込まないと力が出ないタイプだと思っていたので、一社目の創業の時は毎日ギリギリで生きようと思っていました。ですが、一〇〇メートル走のペースではマラソンは走れませんでした。マラソンはマラソンの走り方があると学びました。大切なのは、自分自身もリラックスして義務感ではなく、自然体で仕事できる環境。会社では、みんなに役割を担ってもらって、それができたらみんなにいいことがあるという環境を作るようにしています。

目指すのは、売上一〇〇億円の会社。そこでやっと世の中に「そういう会社があるんだね」と認めてもらえます。以前は「一〇期一〇〇億」を掲げて、自分では受けきれないプレッシャーを抱えてしまいました。売り上げ一〇〇億はやりたくてできるのではなく、IT業界では「正しいことをやった結果」として達成できるものだと思っています。「一〇〇億の会社だったらどう提案するのか、どんなプロジェクトにするのか」。それに見合ったサービスを提案できる企業にしていきたいと思っています。

14 個人や自治体が抱える課題や問題を、建築の視点から解決していく

株式会社 ジビキデザイン
代表取締役 地引 重巳
■〒166-0016　東京都杉並区成田西１-16-33
Tel 03-6770-1607
■ https://jibikidesign.com/

アートの立ち位置から建築に関わりたい

私は小さいころから算数と図工と体育が得意で、プラモデルや工作に熱中するような子どもでした。

進路を考えるようになった高校生当時はソニーのウォークマンが出てきた時期で、そういった歴史に残るものをデザインする人に憧れていました。消費されずに長く残るものを作りたいと考えたときに、真っ先に浮かんだのが「建築」でした。そこで大学進学にあたり、芸術学群で建築デザインが学べる筑波大学を目指すことになりました。陸上部で長距離をやっていたので、当時国立大学で唯一箱根駅伝に出場していた筑波大なら、二つの夢を叶えられるかもと本気で思っていました。美術の先生に相談したら、動機が不純だと笑われましたが（笑）。ただ、受験対策をまったくしていなかったので、もちろん受かりませんでした。

筑波の建築は受験するのに絵を描かないといけないので、浪人時代は絵を学ぶための予備校へ通ったのですが、その流れで東京藝大も受けてみようとなりました。結果的に筑波大も藝大も受かりましたが、二兎を追う者は一兎をも得ずと思い、箱根駅伝は諦めて藝大に進学することを決めました。

転機となった研究室、六角鬼丈との出会い

大学では建築家の六角鬼丈《きじょう》先生に学び、大学院でも六角研修室に入りました。そこで先生たちとともに、アメリカに建築を見に行ったのですが、フランク・ロイド・ライトやルイス・カーンなど有名な建築家の作品に触れるうちに、建築が持つ力を確信し、「建築家にならなくては」という思いが強くなりました。大学の先生や企業の設計部に入る選択肢もありましたが、「自分がやりたいのはこれだ」と心を決めたことで、その後の行動にも反映されていきました。

もうひとつ、大学院時代に六角先生が宮城県の岩手山町のまちづくりプロジェクトに携わることになったことも、今の自分に大きな影響を与えたと思います。

当時、岩手山町は過疎化が進み、自治体からは「お年寄りのケアができる地域にしたい」と「福祉のまちづくり」を提案されたのですが、六角先生は「お年寄りのまちだけじゃだめだ」と。もっと若い人たちも取り込めるようなまちづくりをしないといけない、と訴えたのです。そこからは周辺の地域を巡って、町の魅力をプロットして形にしていきました。私のまちづくりの原点ともいえる「点を掘り起こし、点を線につなぎ、線を面にする」という考え方です。

建築で街全体を創造していく

私たちは街の魅力ポイントを地図上にプロットし、街の中心地区全体の模型を作り、その中に保健、福祉、医療の各施設を配置していきました。同時に、複合施設の可能性を探りました。

施設の機能性、専門性、安全性を上げるだけでは、地域から孤立する施設になる。健常者や若者にも関わってもらえるようにするには？　みんなが集まれるようにするには？　広場を囲むような建築は？　体験型ミュージアムはどうだろう？　などとさまざまな模索の中から、子どもも大人も高齢者も障害者も一緒になって楽しめる「五感のミュージアム」（感覚ミュージアム　https://www.kankaku.org）が生まれました。視覚・聴覚・嗅覚・味覚・触覚の五感を刺激する日本で初めてのミュージアムです。このプロジェクトで得た経験が、今の自分を形成していると実感しています。

強い感銘を受けた「吉村建築」

大学に戻り助手として働き始めた頃、藝大出身建築家の回顧展「吉村順三展」を担当することになりました。吉村順三は巨匠として名高い建築家です。大学生のときは古臭いと思って深く知ろうとしなかったのですが、展覧会を企画するにあたり勉強し直してみると、「新しい！　挑戦的！」とその素晴らしさに気づいたのです。木造の山荘も、オフィスビルも規模や用途にかかわらず、住宅のように人々の行動や生活をテーマにしているから現れるかたちは親しみやすく嘘がない。無駄が削ぎ落とされた姿が美しい。「ダブルスキン」のガラスカーテンウォールや光天井などは、今では当たり前のものを当時は何もないところから作り上げ、パソコンがない時代に空気の流れも全部計算している。アメリカで手がけたロックフェラーの邸宅も主張しすぎない上品さがある。

この「吉村順三展」は、建築家として目指すべき目標が見つかった、私の第二の転換点になりました。

3・11で学んだ「シェア空間」への気づき

この吉村展をきっかけに、大学ＯＢである山本圭介さんと堀啓二さん（山本・堀アーキテクツ共同主宰）と一緒に仕事をすることになり、東北大学工学部のキャンパス整備に関わりました。工学部の本部機能や大講義室、食堂からなる中央棟と生協や書店機能を持つブックカフェ棟の設計に、ランドスケープデザインを加えたキャンパス再生プロジェクトです。中央棟はガラスを多用するなど、外部環境との連続性をテーマとしたのですが、ブックカフェ棟は既存の赤松林に馴染むように、曲線の平面に屋根を木造としました。

建物は設計開始から三年後に竣工。二〇一一年三月九日に大学に引き渡した、その二日後に東日本大震災に見舞われました。建築学科の入る研究棟も大破するなど、東北大学は大きなダメージを受けましたが、幸いにも私たちの設計した建物は大きな損傷には至らず、1階の食堂は避難所として使われました。この3・11を契機に、いざという時に集まれる空間、外と連続する開かれた居場所の重要性を再認識し、共有する居場所「シェアの空間」や地域のことにも関わっていきたいと思うようになりました。

二〇一七年に再独立。木造への取り組み

東北大学のプロジェクト以降も山本・堀アーキテクツに在籍し、やりがいあるプロジェクトとともに代表取締役まで任されるようになったのですが、私自身の事務所活動を永久に終わらせることには抵抗があったこともあり、宮城県の「松島湾《マツシマワン》ダーランド計画」のコンペ勝利を機に、二〇一七年に再独立を果たしました。

その後もいろいろなプロジェクトのコンペに参加してきた中で実現した一つに豊洲の公園施設があります。豊洲ぐるり公園という臨海公園に結婚式ができるレストランを造る計画です。地盤が悪く、事業としても一〇年で一回リセットするという期限付きだったので、

木造で軽く造ることを提案しました。耐火条件などが厳しく、木造で造るのはスムーズにいきませんでしたが、役所に掛け合ってなんとか完成。運営会社の意向で木造アーチのチャペルは白塗装することになりましたが、木造にガラスカーテンウォールを採用したりするなど、林業再生や地球環境のことを意識的に捉えてオール木造にチャレンジしたプロジェクトでした。

木も建物も子どものように手間をかけ見守る

軽量化によるコストメリットや木の癒し効果に加えて、CO_2削減や地域経済・地域文化再生へ貢献できるなど、木造のメリットは無限大といえます。何より木は伐採と植林を繰り返す、建築材料で唯一サステナブルな素材です。日本はどこに行っても山があり、以前は木材の地産地消が当たり前でした。昭和の経済成長期に国産材が不足すると、安い外材の輸入で国産材が売れなくなり、補助金で支える体質となって林業衰退へと向かいます。今、全国の山で杉やひのきは伐り時を迎えています。資源を有効活用しないのは本当にもったいないです。

そんな中で建築業界では、木造建築は、ひとつのトレンドとして進化してきていると感じています。とくに子どもやお年寄りが使う施設は、自然と触れ合えるように、コンクリートよりも木を活用してほしい。暑さ対策から緑陰も必要です。でも実際、木を植えると虫だったり鳥だったり、危ないとか汚いといった意見も出てくる。木の外壁は腐りやすいのでは？　メンテナンス費は？　と言われると長所もあれば短所もあります。ただ、事例も多くあるので怖がらずに試してもらいたいとも思っています。木も建物も子どもと同じように手間を掛けながら長く見守っていく視点が大事だと思うのです。

そこを変えられると、建築だけでなく地域ももっと変わっていくと思います。

残したい気持ちが建物寿命を延ばす

建物はそれなりに手入れをしていけば、長く使えるものです。ことに木造住宅は、リフォーム、リサイクルという循環性が高い。私が自宅兼事務所として使っている建物も、築三〇年以上の古い木造住宅を、フルリノベーションしたものです。もともとは、更地にすると再建築ができない「再建築不可物件」だったのですが、その可能性を最大限に生かしながら蘇らせたものです。一見すると新築にしか見えないまで手を加えましたが、構造材を生かしている分、新築よりも安く済みました。前オーナーが庭を大事にしていたことが窺えたので、さらに発展させて、場所ごとに小さな庭を作り、庭との関係性を家づくりのコンセプトにしました。

公共建築でも建物寿命を延ばす工夫はできます。私は各地域の首長さんにお話しさせていただく際には「建物が老朽化したからといって全て解体しないでください。少しでも残せば次の世代に継承されます。残したいと思う気持ちこそ文化財ですよ」と伝えます。耐震診断値の数値が基準に満たなくても、様々な耐震改修方法があり、解体＋建替えのコストよりリーズナブルです。コンクリート造の場合、上層階を解体して木造に置き換えれば、コストを抑えながら面積を増やすこともできます。歴史的文化財でなくとも、その時代を次の世代に継承することは有意義で合理的なことだと思うのです。

用途の枠組みを超えて集いの場をつくる

二〇二四年の春に竣工する君津市の保育園です。八角形の保育室をリビングでもあり、廊下でもあるような空間でつないでいます。八角形は直角より視認性がいいので安全でシークエンスの変化も楽しめます。市長さんには「子どもが減って保育園が余ってきたらお年寄りの施設になりますよ」と提案しました。

これからの建築は用途から解放されるといいと思っています。個室っぽい部屋とサードプレイス的な中間領域があれば、フリーアドレスの事務室事例も出てきたように、運営の工夫でさまざまな用途に対応できます。自販機だけでもカフェっぽい居場所は可能ですし、屋外だったら焚き火をしたり、ピザとか焼き芋ができるファイヤープレイスがあれば、非常時には炊き出しもできます。

　これからの公共建築は民間の運営力を導入して、その地域の個性を大事にしているカフェやサロンみたいになるといいと思います。その雰囲気に共感する人が集まり、さらに発信していけば、地域はいきいきと活性化し、地域課題の解決につながるのだと思います。

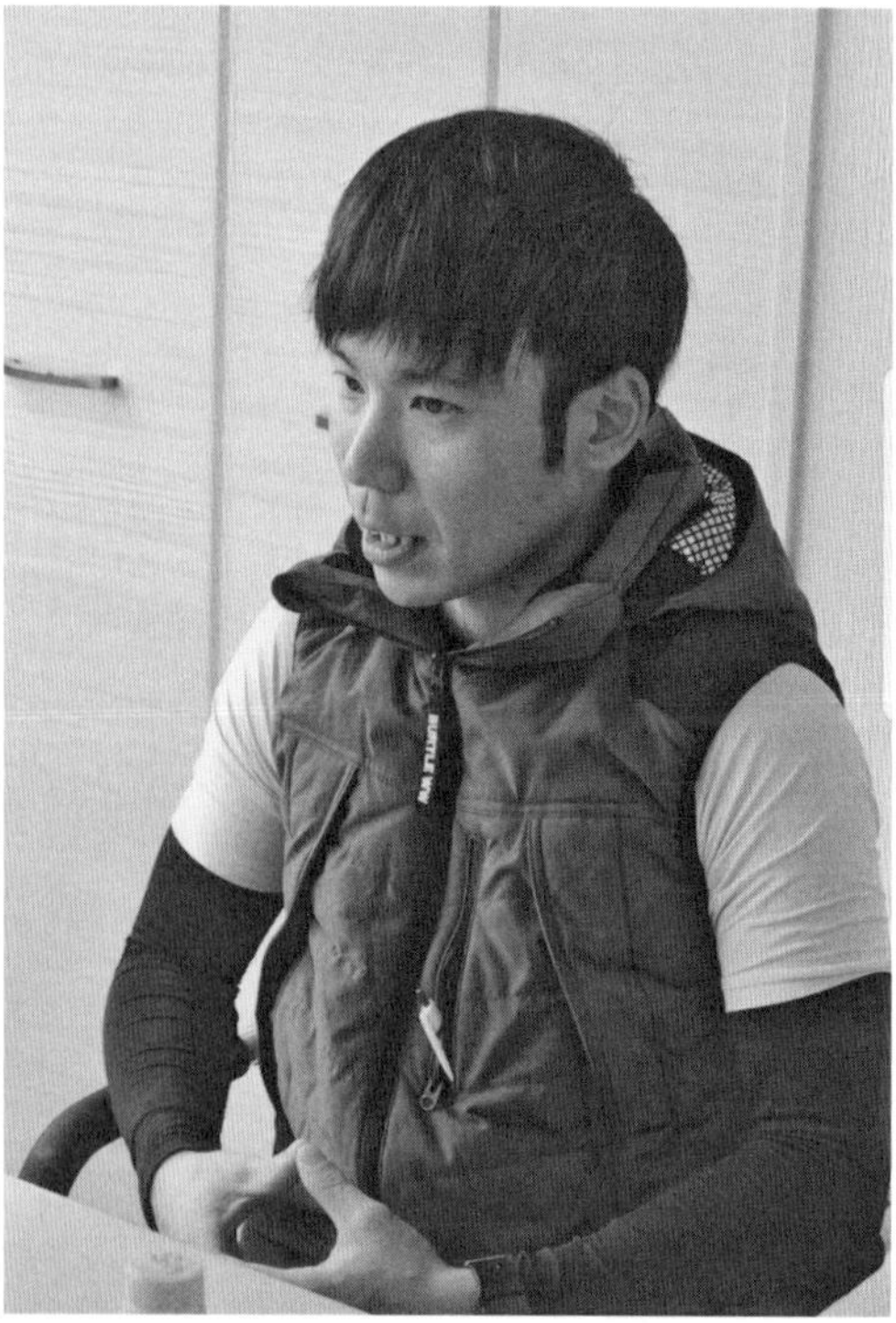

15 自らの少年時代を糧にして従業員に全幅の信頼を置き、一人ひとりが輝ける会社に

株式会社RISE SOLUTION

代表取締役 竹氏 翔

■〒730-0051 広島県広島市中区大手町４丁目５-４-801

Tel 090-7120-6408

■https://www.kabu-risesolution.com/

「従業員信頼型」の工事会社

私たちRISE SOLUTIONは、電気工事を主軸に、土木工事や造園工事、ハウスクリーニングなど、人々の暮らしに関わる事業を展開しています。

「工事」と聞くと「その道一筋」のような職人をイメージする方もいると思いますが、当社は異業種から転職してきた従業員ばかりです。エリート街道まっしぐらでパソコン業務に従事してきた人がいれば、エステティシャンやアパレルスタッフだった人もいます。最近は、国際協力機構（JICA）と連係して外国人材も受け入れていて、性別や国籍といった表面的な枠組みにとらわれない組織を目指しています。

当社の特徴にもつながるのですが、私は全面的に従業員を信頼しています。細かい指示はしませんし、「こうしたい」という意見に対して、基本的にはすべて「やってみよう」と後押しします。やってみて失敗したら、その経験から学んだことを次に生かせばいい。私の役割は環境を整えて、従業員が力を発揮できるようにサポートすることです。

そのためにも、「社長」という雰囲気をあまり出さないことを意識していて、フランクな接し方をしています。従業員が自分の意見を伝えやすい、考えたことを実行しやすい環境を作るためには、普段から近い距離で接するのがいいと思っているためです。例えば、仕事終わりに従業員から「遊びに行きたい」という声が挙がったら、行きたい人みんなで遊びにいく。RISE SOLUTIONはそういった会社です。

従業員が頑張った分は従業員に還元する

当社の特徴の一つとして挙げたいのが、新たな仕事を受注してきた従業員に、売上の一部を還元していることです。例えば、電気工事でお客様のところへ伺った際に「芝生を敷いてほしい」など別のご依頼を頂くことがあります。それは、その従業員への「信頼」が次の仕事につながったわけですから、感謝の気持ちを込めて、本人にインセンティブを支給しています。

社会に目を向けると、年齢や学歴で待遇が決まってしまうケースが少なくありません。けれどそれでは、その人の可能性が狭まってしまうし、何より面白くないじゃないですか。私は、「どんな人であっても逆転できる会社」を理想としています。上から押さえ付けられることなく、自分なりの考えを持って伸び伸びと仕事に取り組める。そして、頑張った分が成果にあらわれる。現に当社では、私より高い給与を受け取っている従業員もいます。

不良少年が起業するまで

私は元々、自分が経営者になるなんて全く思っていませんでした。

少し、昔の話をさせてください。

小学生、中学生、そして高校と、私は俗に言う悪ガキでした。今振り返ると、義務教育の雰囲気にうまく馴染むことができなかったのでしょうね。先生がなんとか背中を押してくれてサッカー推薦で入学した高校は二日で退学になり、大学進学を望んでいた親の期待にも背き、助けようとしてくれた周囲の人たちの手を払いのけているうち、次第に周りから人が離れていきました。

それで、ある時ふと自分を省《かえり》みて、「オレ、このままじゃヤバいな」と思ったのです。自分は結局、環境に言い訳しながら、できないことを誤魔化し続けてきただけなんだと。サッカー選手を目指していた時もそうだし、高校に進学した時もそう。自分が向き合うべき現実から逃げて、違う道に逸れてきただけだったのです。自分が本当に進みたい道は、その道じゃなかったのに。

そんな時、ずっと自分の近くにいてくれた知人から、こう言われました。

「そんなに自分に自信があるなら、自分一人で上京でもして出世してこい」。その言葉の真意も分からないまま、私は勢いで郷里の広島を後にしました。

それからはいくつかの仕事を経験しながら、勉強も頑張って、三〇種類以上の資格を取ったり、大きな会社から「現場監督をしてほしい」とお願いしてもらえるようにもなりました。そして二〇二〇年、個人事業主としてＲＩＳＥ ＳＯＬＵＴＩＯＮを創業したのです。

原動力になったのは、社会的信用を高めたいという思いでした。法人化したのは二〇二二年で、現在は従業員一二名、下請けさん約七〇名と力を合わせてサービスを提供しています。

創業から三年未満、法人化してからは一年未満ですが、ありがたいことに右肩上がりで業績は伸びています。

ここまで成長できているのは、何より人に恵まれたからです。過去に自分が荒くれた歳月を送ってきたからこそ、人に支えられるありがたみが分かりますし、手を差し伸べてくれる人たちに対する感謝を常に忘れないでいたいと思います。

従業員に唯一お願いしているのは「嘘をつかないこと」

従業員信頼型の当社ですが、その中でも、大切にしてほしいと呼びかけていることが唯一あって、それは「嘘をつかないこと」です。

社用車を不注意でぶつけてしまったとしても、お金で解決できることなので私はまったく怒りません。けれど、嘘はナシですね。どんな小さなことでも、嘘をつけば一瞬にして信頼を失い、再び信頼を得るには長い時間を要します。

私自身が、一六歳になる頃まで、嘘をついて失ったものがとにかく大きかったのです。素直でいれば、周りにいる人は、その人の弱みを受け入れてくれます。そういう人が何かに失敗したとしても、前向きな言葉をかけたくなりますよね。私は、遠回りして、遠回りして、それに気が付いた人間です。だから周りからの信頼を取り戻すのに、人の何倍も努力しなければなりませんでした。従業員にはそんな思いをしてほしくなくて、「ここは何かを言えない環境じゃないよ。素直に接しておいで」と強調しています。

人生を変えるきっかけとなるために更生保護活動も

当社では、「変わろうともがいている人たちの支えになろう」という思いのもと、少年・少女の更生保護活動にも携わっています。

主な活動は、関係機関と連携を取りながら、軽犯罪で保護観察処分となった人を当社で雇用して、社会復帰に向けたサポートをすることです。家庭環境が整っていない人に寮を提供したり、通勤用の車を貸与したりすることもあります。

この活動を始めたのは二〇二一年。私のことを少年時代からよく知っている警察官のOBの方が、今の私を見て「力を貸してくれ」と言ってくださったことがきっかけです。犯罪に手を染めてしまった人が社会復帰をするには、多くの難しさを伴います。現に当社で雇用した人も、何らかの理由で社会復帰に至らなかったケースがほとんどです。

けれど私は、これからもこの活動を頑張りますし、身元のない方の身元引受人にだってなります。人生を逆転したい人たちが当社に来て、「頑張って良かった」「みんなで何かを成し遂げるって楽しいことなんだ」ということを経験してほしい。それが積み重なれば、「自分はこんなことができる」という新たな可能性を見出すことができるし、もっと大きな変化を起こせるかもしれません。その人の生きる姿が周りから信用を集めれば、結果的に自身の人生を変えることができると思っています。

一人でも多くの人に、「自分の良さ」に気が付いてほしい

ITの発展・普及に伴い、私たちのように「手」を使う仕事は、以前にも増して世間からシビアな目で見られるようになりました。そんな中で、当社が一番に勝負できるのは「人間性」だと思っています。そのために大切なのは「気配り」であり、いかにお客様の目線で物事を考えられるかが大切になります。

「お客様から見た自分はどう映ってる？　どういう人だったら仕事を任せたいって思う？」

そういう視点を常に持ち、お客様に満足していただくためには、何より私利私欲は禁物ですね。今後、当社は全国展開を本格化させようと思っています。多くのお客様に、当社の気配りを感じていただければ幸いです。

私が会社を経営するうえで比重を置いている思いがあります。それは、誰もが自身に負い目を感じる必要はないと気付いてもらうこと。

前述したように、当社では更生保護活動で一度道を踏み外した方を雇用していますが、何らかの負い目を抱えておられる方は少なくありません。また、これから会社として障害者雇用に力を入れるつもりでいますが、障害をマイナス要素として考えておられる方もいらっしゃるでしょう。そういった方が自分自身をマイナスではなくプラスに捉えられるような、そんな会社であることが私の願いです。

ＲＩＳＥ ＳＯＬＵＴＩＯＮは新設法人ですが、個々の人生を輝かせるという点では他の会社に負けません。今後も当社らしく、一人ひとりが「人」として成長できる会社を目指して歩んでいきます。

16 「医」調剤薬局「食」飲食事業 「住」不動産の三本柱で 北海道を代表する企業を目指す

WINNOVATION株式会社

代表取締役　**林　龍馬**

■〒060-0061 北海道札幌市中央区南１条西７丁目６-６

Tel 011-558-9364

■https://winnovation.co.jp/

北海道の新鋭企業として名を馳せるＷＩＮＮＯＶＡＴＩＯＮ株式会社。同社はリスクを分散し、安定した収入を得られる多角経営、特に医・食・住の三本柱に特徴があります。サービス付き高齢者住宅などの施設や在宅医療ネットワークをメイン顧客に、宅配もする調剤薬局グループ、行列のできるラーメン店「札幌麺屋一馬」、マンション経営のノウハウを事業化した不動産事業、そして馬主の夢に並走する競走馬事業です。

代表取締役の林氏には、名馬の馬主になり重賞レースに出場したいという、大きく明確な夢があります。夢の実現にむかって、学生時代から周到に準備をしてきた林氏。起業の準備と心構え、そして多角経営を成功させる秘訣など、その足跡をお話しいただきました。

三〇歳で独立すると決め周到に準備
夢は名馬の馬主になること

私には大きな夢があります。その夢とは、競走馬を所有すること。「桜花賞」や「有馬記念」といったＪＲＡの重賞レースに出るような名馬の馬主になることです。

なぜそんな大きな夢を抱くに至ったのか。それは私が北海道で生まれ育ったことと関係があります。馬の産地である北海道という地域柄、父は競走馬の関係者として仕事をしていました。しかし、学生時代の私は、野球に一心に打ち込んでいたので、馬の魅力には気づいていませんでした。

しかし、野球部を引退した高校三年生のとき、父親に連れられてなんとなく競馬場に行ったところ、馬のかっこよさに衝撃を受けたのです。まさに鳥肌が立ちました。走る姿の美しさや迫力のあるスピードはもちろんのこと、名馬の血統には数多のストーリーがあり、その歴史を深く掘ると人々の夢やロマンがあることに、たまらない魅力を感じました。いつかこんな名馬を所有したい、そして自分のつけた名前でレースに出て勝ってくれたら最高だろうと強い憧れに、心をもっていかれたのです。私は、その夢のために働いているといっても過言ではありません。

MRとして勤めながら独立へ助走をしていた二〇代

学生時代からずっと、その夢を現実にするにはどうすればいいか戦略を考えてきました。馬を買うには、何よりも経済的な基盤が必要です。では、お金持ちになるためにはどうすればいいのか。考えた結果、社会人としてしっかり基盤を作った後に、独立して社長になり、収入を伸ばすという結論に達しました。知識や経験がないなかで起業しても失敗すると思ったので、二〇代は様々なことを学び、模索しながら助走をつけて、三〇歳で独立しようと決心したのです。

まずは信用が得られる大企業で社会人経験を積もうと、製薬会社のＭＲ（医薬情報担当者）職に就職しました。医師や薬局を営業先とするＭＲは激務でも知られますが、文系でも活躍でき、給与面での待遇がいいことが決め手でした。

独立のための助走期間でもあるので、ただ勤めているだけではなく行動しなくてはと思い、仕事のかたわらマンション経営にもチャレンジしました。私のやり方は、スピード感を持った買い進み。タイミングよく買った物件の価値が今上がってきたので、いい時期に不動産に着手したと思っています。

もちろん、知識を身につける必要はありましたので、ＭＲの仕事の移動時間や待機時間に本を読んだり不動産投資家のお話を聞いたりして勉強しました。会社の仕事をきちんと達成することを前提として、空き時間は自分の将来に向けて行動していた二十代でした。

薬局・不動産をメインに、多角経営でリスク分散 施設をメイン顧客に、宅配もする調剤薬局で起業

目標の三〇歳を射程距離に捉えた二七歳頃から、調剤薬局で起業しようと当たりをつけていました。薬剤師免許はないものの、ＭＲの経験が大きなアドバンテージになるからです。

実のところ、薬局業界は成長市場ではありません。国が医療費削減に躍起になっていますし、薬価も毎年改定があります。しかしその中でも、私の強みは業界地図を理解しており、営業や外回りができること。よくクリニックの隣に寄り添うように薬局がありますが、あのスタイルはクリニックありきで、自分の力では伸ばしにくいと考えました。営業力で他の薬局と戦っていくなら、様々な医療施設、例えば、サービス付高齢者住宅や老健施設、在宅医療のネットワークなどからの処方箋を一手に引き受けられるような、薬の宅配スタイルがいいのではと分析したのです。

とはいえ、そういった施設もすでに既存の薬局と取引があるので、いきなり新参者に処方箋を任せてはくれません。開業してすぐは、地道な営業に駆け回りました。一〇〇人規模の施設に、「お一人でもお付き合いいただけませんか」とお願いし、サービスや対応で差別化して患者様を増やしていくという正攻法です。

差別化ポイントは、緊急対応やスピード感です。他の薬局が「明日行きます」というところを弊社は今日行く、足りなさそうなものはすぐ届ける、そういった勘所の押さえ方はMR時代に養っていました。ほかにも、患者様が薬を間違わず飲めるよう「一包化」の提案をしたり、朝・昼・晩で袋に違う色をつけたり、お薬ボックスを手配したりと、施設の現場の方の困りごとにスピード感をもって先回りすることで、だんだんと患者様の処方箋を弊社に回してもらえるようになりました。

同世代の医師が開業するときに力になれる組織に

現在薬局事業は、クリニックとご縁のあった埼玉と地元北海道の二拠点で行っています。ここを中心に、どんどん店舗展開していきたいですね。経営の苦しい薬局をM&Aで買収し、私どもの営業力のノウハウをもって施設に営業して経営改善をする方針です。

今はまだ、MR時代に知り合った同世代の医師は、各所で腕を磨いているフェーズですが、将来的に開業を視野に入れている方も多く知っています。その時には一番に選ばれる薬局でありたいと思っています。そのためにも、先に走っている私が組織として体力をつけておくことが重要です。

またMR時代の人脈を耕しておき、医療業界でいい評判をとっておくことも忘れません。医師も開業に向けて人材を探しているので、看護師や事務スタッフを紹介するなど、ここぞというときに力になれるようにしておくことが重要です。いずれはクリニックや施設と薬局がひとつになったメディカルビルを開設できるといいですね。

好きが高じたラーメン店「札幌麺屋一馬」

いっぽうで、飲食店の事業展開もしています。札幌市内のラーメン店「札幌麺屋一馬」

は、もちろんビジネスとして見ていますが、好きが高じてという面もあります。

実は私は無類のラーメン好き。二日に一回は食べていますが、最近太ってきたのでやや自粛気味です。それでも「美味しい」と聞けば飛んで行かずにはいられません。有名店の味はほとんど食べつくしました。

札幌の味噌ラーメンは北海道が誇るブランドですから、いつか海外に出店したいという夢を持っています。味噌のラーメンスープは火入れの具合などによって味が変わり、安定しにくいので展開が難しいのですが、それも含めノウハウを確立したい。このたび製麺所をM&Aで獲得したので、さらに唯一無二の味を出すために頑張っています。

おかげさまで評判は上々ですが、慢心は禁物と、前を向いています。飲食事業は利幅が少なく、医療とはまた違った難しさがあるのでコツコツいかなくてはいけませんが、それでも楽しい分野ですね。

また、薬局事業と掛け合わせて提案できたら面白いと考え、高齢者への宅食事業もスタートしました。こちらはまだ細部を模索中ではありますが、既存事業との相性はいいはずなので、伸びしろはあると思います。

多角経営の一角には不動産事業と競走馬事業も

多角経営の一角には不動産事業もあります。私が勤め人時代にしていたマンション経営のノウハウを事業化したものです。不動産分野は、私がビジネスの初手でうまくいった事業で、弊社の柱でもあります。お勤めの人なら銀行からの融資もつきやすく、起業資金になるので、ノウハウを次世代の起業家の卵に伝えたい気持ちもあって、続けています。もちろん借り入れも必要なのでリスクもありますが、安定した家賃収入は魅力です。道路や路線の開発計画など先を見据えて、地価を想像しながら物件を取得していくための目利きのお手伝いをします。

また、競走馬の馬主になりたい方のサポートにも力を入れています。馬産地との人脈がありますから、お客様と馬産地とのファーストコンタクトをコーディネートしています。私自身の夢と重なり、お客様の夢と並走できるのは幸せです。自分の将来のためにも競走馬業界には密接に関わっていたいと思い、頑張っています。

安定経営で北海道を代表する企業を目指す 独立・起業したい従業員に経営ノウハウを見せる

成長途中のベンチャー企業なので、社内の組織作りや社風の醸成には気を配っています。弊社のようなベンチャーに来てくれた従業員たちには、色々なことを体験し近くで見てステップアップしてほしい。中には将来的に独立したいと考えている者もいるので、人脈をつなげたり動き方を見せたりする意味で、経営者との会合の場などに従業員を連れて出向くこともあります。

経営者人生は楽ではないですし、小さな失敗はともかく取り返しのつかない大失敗をすることのないよう、人生を賭けて取り組んでいるんだという気概を見ておいてほしいという、私からのメッセージでもあります。

起業して実感しますが、本当に世の中は甘くない。天才でもない限り、行き当たりばったりのアイデアだけでは成功しません。資格を取ったり資金を準備したり、行うべき準備はたくさんあります。しかし頭でっかちに考えすぎて、いつまでも行動を起こせないのも困りもの。ですから、自分でリミットを決めて準備をするのがおすすめです。東京では学生起業サークルや新卒フリーランスなどの文化がありますが、北海道で生まれ育ち「まずは地元で一番に」と思っていた私には、三〇歳まで勤め人をしたことも、地域的なリアルとしてちょうど良かったかなと思っています。

失敗しない経営のためにパターンを考え抜く

まだまだ経営歴は浅いですが、ひとまずのところ、私がここまで失敗せずに来られたのは、周到に金銭的な独立準備をしてきたこと、そして最悪のケースまで分析して、毎月家賃が入る不動産や、国から報酬が入る薬局など、安定した経営が組み立てやすい事業を選択してきたからだと考えています。リスクを分散し、取引先がダメになったら引っ張られるような業態を避けながら来たことが吉と出ました。

それでも経営に一〇〇パーセントはありません。弊社の調剤薬局事業や不動産事業も、最初からいけいけどんどんで何もかもうまくいったわけではありません。特に飲食店事業においては、実力のある職人は独立する傾向にあるので雇用が安定しないなど、リスクは常につきまとっています。常に判断を迫られ続けるのが経営者。バランスのよい攻めと守りのパターンを、常に何種類も考えることが大切です。

人材のベクトルを束ねるのが経営者の役目

また「人材」を大切に育てていくことも、経営者の大切な仕事だと考えています。最初から何でもできる人はいません。従業員の個性を見極め、うまく結果が出るよう導くのは、経営者の責務でもあります。

ありがたいことに、これまで薬局事業での離職者はいません。今のところ、私の思いや考えが伝わっているのだと嬉しく思っています。ただ、経営的に上向きということは、すなわち忙しいということなので、また違う問題が表出したり、歯車がかみ合わなくなったりすることもあるでしょう。そこを軌道修正し、みんなのベクトルを一つに束ね直すことが、私の仕事です。

そのためには現場にもどんどん出ますし、遠方のオフィスにも頻繁に顔を出します。業績が伸びれば従業員に還元し、モチベーションをすり合わせていくことも大切です。私だけが理想を追っても、従業員が共鳴してくれなければ事業はうまくいきません。ここは組織が大きくなっても、大事にすべき部分だと思っています。

「医」「食」「住」で北海道を代表する企業に

これからも、名馬を所有するという夢に向かってブレずに進んでいきます。さらに夢を語らせてもらえるなら、その夢の馬には、以前から憧れてきた騎手の武豊さんに乗っていただきたい。憧れにはこちらが合わせていかなくてはいけないので、急ぐ気持ちはあります。「急がば回れ」と肝に銘じつつ、私が四〇歳になる頃までに……と思い描いています。

そのためにも、現在好調の薬局事業と不動産事業をさらに強固な柱にして、会社全体を強くしていきます。「医」「食」「住」の三本柱の中で、様々な付随するビジネスにもチャレンジしていきたいですね。北海道を代表する企業・WINNOVATIONが名馬を所有している、そんな未来に向かって、一心に駆けていく所存です。

17 若い技術者を増やし、電気インフラの未来を支えたい

株式会社E-Switch
代表取締役　泉　孝太郎
■〒904-2151 沖縄県沖縄市松本5-17-24
Tel 070-8539-6708
■https://e-switch.crayonsite.com/

点検だけでなく、工事も行う「二刀流」の電気保安会社

当社は、第三種電気主任技術者の資格を生かし、ビルや学校などにある小型の変電設備「キュービクル」を点検管理する保安管理業務を主力事業にしています。各地域にある電気保安協会と同じ仕事をしている会社です。

当社の強みは、点検だけでなくて工事も行うこと。点検時に修理や交換が必要な箇所が見つかったとき、一般の電気保安会社は指摘した後のことはお客様任せとなります。「工事会社を紹介します」あるいは「工事会社を探してください」という話で終わります。電気保安会社からの紹介ではなく、お客様自身が工事会社を探した場合、点検の際に指摘を受けた箇所はお客様経由で工事会社に伝えることになります。工事会社の立場ですと、何をどう直すのか具体的なアドバイスがないと判断が難しいもの。その状態で改修工事を行うと工事が終わった後で電気保安会社の立場では「もっと踏み込んだ改修が必要であった」と思うことも多くあります。しかしお客様には費用を算出してもらった後なので、多くの場合はそのままにしてしまっているのが実情です。

当社では工事もできますので、点検時にすぐに費用の相場が分かりますし、予算に応じた最適な修繕方法の提案か、放置しておくことの危険性も説明できます。お客様に点検と工事の両面でアドバイスができる「二刀流」で、電気の安全と安心を提供しています。

その二刀流をさらに一歩進めていくと、一番の特徴であり強みは緊急対応ができる会社ということになるでしょう。例えば、設備のトラブルで電気が使えなくなった場合に、弊社ではその場で原因判断するだけでなく、自社で予備品材料を常時保有しているため、その場での手直しや修繕を行うことが可能です。万が一、故障した部材がなくても、電気主任技術者としての判断力ならびに電気工事士としての技術力を併せ持つことで、その場で応急復旧させる最低限の処置を行うことができるので、最も早く電気を送るという手段を選べます。仮復旧ではありますが、お客様に最速で電気をお届けできるのが、他の電気保安会社にはない当社の最大の強みだと思っています。

東京電力を退職して沖縄へ　新天地でも生きた資格と経験

現在、沖縄で事業をしていますが、私は埼玉県の出身です。父は個人事業主として電気工事を生業にしていました。電気部品の倉庫が遊び場にもなっていたので、子どもの頃から電気は身近な存在でした。両親に「工業高校でトップの成績を取れば東京電力に入社できる」と導かれて、春日部工業高校に進学。東京電力に「入社に有利な資格」を聞き、猛勉強の毎日を送りました。当時の現役高校生の合格率は一パーセントとも言われる第三種電気主任技術者をはじめ、さまざまな資格を取得。首席で卒業し、晴れて東京電力に入社しました。

東京電力に入るために取った第三種電気主任技術者の資格でしたが、入社後に配属された配電保守という部署は、この資格を生かせる仕事ではありませんでした。しかし、毎日高所作業車に乗り込み、電柱に昇り作業を行う。時には緊急車両で乗り出し、地域停電を復旧させるのが、主な仕事でした。インフラを支える「電気を守るという使命感」はここで培ったように思います。

二〇一一年、東日本大震災が発生。発災直後から六日間は家に帰ることもできず、停電の復旧や配電線路の修繕に追われました。疲弊し切っていた私の心の支えになってくれたのが、当時は友人であった今の妻です。沖縄に住む彼女に会うために、何度も足を運びました。翌年、熱望して入社した東京電力でしたが退職決意。妻と共に暮らすために、転職先も決まらないうちに沖縄に移住しました。

沖縄に来て一、二カ月ほどで沖縄電気保安協会への就職が決まりました。入社一年目も第三種電気主任技術者を生かせる部署ではなかったのですが、二年目にようやくその資格が生かされる部署に異動。今でこそ事業に必須の資格ですが、取得してから数年はいっさい必要がなく、ここでやっと経験を積むことができました。その後、民間の電気保安会社に転職しさらに経験を積み重ね、二〇二三年に起業しました。

今思えば、結婚していなければ沖縄にはいませんし、高校で東京電力を目指して第三種電気主任技術者の資格を取ってなければ、起業もしていないでしょう。取った資格がすぐに役立たなくても、後で役に立つ。それだけでなく、東京電力の配電部署で培った「電柱に昇り設備を保守・修繕する経験」や「高所作業車の資格」が現在でも生かされています。それはキュービクルは電柱を設置して電気を引き込むため、キュービクルには電柱が付属します。東京電力で身につけた「電柱に昇る技術や知識」が毎日のように生かされ、また培った「電気を守る使命感」が、今、提供している緊急対応力の原動力となっているのです。資格も経験も、不思議な縁でつながって、今があるのだと感じます。

若い技術者が離れていく電気保安業界

他の業界と同様に、電気保安管理業界も高齢化が進行しています。業界全体で電気主任技術者の各社の平均年齢が五十代、六〇歳近くまで上がっているように思います。

一方で、第三種電気主任技術者の資格は難関。一般の合格率が一〇パーセント程度で、高校在学中に合格する人は一～三パーセントと言われています。資格試験が難しいので、有資格者も少ないのです。

また、電気保安管理業務は勤務時間が休日や深夜に集中します。お客様の設備を点検するためには、一時的に停電させる必要があるためです。もちろん、営業時間中にはできません。点検ができるのは、深夜、土日、年末年始など、人が休んでいるときがほとんどになるのです。そこで若い人は休日や深夜の業務に多く割り当てされます。入社した若い人材も労働条件が合わないという理由で離職率が高いのです。せっかくの有望な若い人材が他業界に流れてしまう。資格を持っていても、次々と離職してしまいます。働き方改革が叫ばれるご時世に、電気保安業界は、若者が求めている働き方に合わない業種になっているのです。技術者が高齢化しているのに、若い人は離れていく。負の連鎖が続いて、平均年齢がどんどん上がっています。

設備寿命を縮めてしまう背景にある高齢化

お客様は、資格者なら誰でも同じだと思うでしょう。正直に言うと、点検するだけなら誰でもできます。現場に行って、測定器の記録を読み取って報告書を書くだけです。それだけで、報告書の上では点検したことになります。しかし私は、測定だけではなく、これまでの現場経験をもって、設備を今すぐ取り替えなければならないのか、それとも一旦様子を見るのか、設備を維持するためにどんなことが必要なのかをアドバイスするのが電気保安事業者の仕事だと思います。

担当している電気主任技術者のノウハウや技術力は報告書には映りません。ただただ数値だけ見て作成した報告書ですら、お客様から見れば同じ報告書です。

年に一度の法定停電点検（年次点検）の際には、定められた測定以上に、キュービクルの埃を拭き取ることで設備を長寿命化することができ電気事故を未然に防ぐことになります。特に沖縄という地域は塩害が酷く、塩害と埃は電気の天敵となりますので電気設備を維持する上で、掃除を行うことが非常に重要になるのです。しかしほとんどのお客様は、設備の寿命が延びているか縮んでいるかなんて分かりません。設備寿命を迎えた時に指摘をされて何百万円という費用をかけて交換するのです。点検時に技術者が埃を取っていれば、あと一〇年、二〇年と使えたものが、たった五年で使えなくなることもあります。最悪の場合、「電気の事故にならなければいい」と、見て見ぬふりをする人がいることも否定できません。でも、それすら分からない。誰も気付けない。これが電気保安業界の課題です。

電気主任技術者は法律に「業務を誠実に行うこと」と記載があるのもこのためなのかもしれません。

ただ、年配の技術者にとって、設備を隅々まで掃除するという作業は厳しいものです。体力も使いますし、高所の設備を磨くには危険も伴います。問題は、体力的に厳しくなっている技術者ではなく、業界全体が高齢化した結果、技術力が低下していることでしょう。

課題解決のためにクラウドファンディングを使って起業

この業界の課題を、前職の保安会社にいた時、担当していたお客様に話したことがありました。点検の仕方や、お客様へのアドバイス方法、あるべき姿が実現できてないことを。お客様はそのとき、私の情熱を感じ取ってくれたのだと思います。「起業したらいいと思うよ。その思いについてくる人がいるはずだよ」と背中を押してくれました。しかし起業すると言っても、当時の私は会社員で、起業する準備をしていたわけではありません。開業資金もなかったのですが、「その思いをクラウドファンディングに乗せて、資金調達すればいい」と助言もいただきました。その一言が無ければ、クラウドファンディングを行うことはなく、起業もせず、今もサラリーマンとして働いていたと思います。

「行動しないで諦めるより、やってみよう。この業界や技術者の課題をクラウドファンディングに乗せて」。目標金額を七〇万円に設定して、出資者を募りましたところ、支援者のほとんどが、私の身の回りの人たちでした。東京電力時代にお世話になった先輩や同期、同級生や後輩、前職の電気保安協会にいた時の先輩からも。名だたるクラウドファンディングと比べて規模は小さいのですが、今までにお世話になった人たちから背中を強く押してもらい支えていただきました。おそらく私が感じていた課題に共感してもらったのではないかと思っています。「何としてもこの事業をやり遂げなければならない」という、強い気持ちになりました。

工業高生があこがれる会社になって、ライフラインを支えたい

夢は、E-Switchを「ライフラインの会社」と呼んでもらえるくらいの技術ブランドの企業にすることです。かつて私が東京電力を目指したように、沖縄の工業高生に「E-Switchに入りたい」と思ってもらえるくらいに。そのためにやるべきことは、本当に信頼される電気の保安会社、点検会社になることだと思っています。自分が感じた問題点を、お客様の課題として共有して、「E-Switchの点検、サービスは、電気のトラブルの対応も頼りになる」と言ってもらえるように。その口コミが広がって、顧客とともに雇用を増やし、地元の工業高校からも人材を採用し技術者の人手不足も解消したいと思っています。

難関と言われる資格については、認定工業高校卒業等の条件を満たし、一定以上の実務経歴を積めば「第三種電気主任技術者」と認定する制度があります。私は筆記試験の合格者に限らず、この認定技術者でも技術力・経験を積むことができればまったく問題ないと思います。ぜひ技術力を身につけてチャレンジしてほしい。勉強が苦手だからと諦めている人でも認定資格が得られることを知ってもらい、資格試験の有無にこだわることなく、

この仕事に興味を持ってもらいたいのです。地域のインフラを陰で支えているこの技術を、若い人たちにつなげていきたいと思っています。

18 〝一番偉くないのは社長〟人を何より大切にする会社っぽくない物流会社

株式会社GLC

代表取締役 **太田 佑一**

■〒315-0056 茨城県かすみがうら市上稲吉1943-67
Tel 0299-59-0701
■https://www.global-logi.com/

アパレル会社から物流会社、そして独立へ

中学生の頃からテニス一筋だった私は、大学卒業後、アパレル会社に就職しました。最初に配属された物流部門で、ひととおり仕事を経験し、キャリアアップのため店舗で接客業を担いました。時にはお世辞も言いながら「会社側が売りたい商品を売る」、この風潮が自分に合わず、しかった物流業にもう一度関わりたいと思い、物流会社に転職しました。

前職で現場だけでなく、教育、人事、管理など幅広く携わっていたので、転職先では重宝され、五年後には倉庫のセンター長補佐を任されました。その頃になると、あらゆる業務を自分でカバーできるようになっており、「これなら自分で事業しても一緒じゃないか」と独立を考えるようになっていました。

ちょうど子どもが生まれた頃だったので、周囲の声は反対ばかりでした。けれど、「自分の人生って一回しかない。やってみてダメだったときに別の道を探せばいい」と考え、二〇一四年に個人事業主として独立しました。

ゼロからの顧客開拓も、営業ではスーツを着ない

独立当初、飛び込み営業をベースに取引先を探しましたが、私には「スーツを着ない」というポリシーがありました。外見で判断されると、もし契約に至っても、関係性に優劣がついてしまうと思ったのです。

仕事では、「依頼する側」と「依頼される側」は、お金を払う立場の「依頼する側」、言うなればお客様の立場が上になりやすい。けれど私は、依頼する側と依頼される側に、「どちらが偉いなんてない」と思っています。むしろ、お互いに高め合えるような関係でないと一方の負担が重くなって、結局長続きしません。私は、たしかな信頼で結ばれた、太く長いお付き合いがしたいと考えています。

人と人のお付き合いって、「風船」だと思っています。パワーが強いと破裂するし、逆に引きすぎるとしぼんでしまう。例えば、「お客様の要望だから仕方ない」と必要以上に安い金額で仕事を請けたら、疲弊するのは自分たち。風船はどんどんしぼみます。逆もあり、高い金額で仕事を請けたら、疲弊するのはお客様。ほどよいパワーバランスだからこそ、良い関係が成り立つと思っています。

話は戻りますが、そういったポリシーがあったからこそ、独立当初はお客様が増えず苦労しました。千件営業して一社と契約できたら上出来、という具合で、精神的に病むほど

つらい時期もありました。

ですが、地道に営業を重ねるうちに、一社また一社とお客様は増えていき、二〇二〇年、事業拡大に伴い法人化することになりました。そして、社長として、個人事業主のときから一緒に仕事をしていたアパレル時代の上司が就任してくれることとなりました。独立当初にご縁があった取引先とは、今でも良い関係を築いています。

お互いを名前で呼び合うフラットな組織

私たちGLCは、流通加工や物流請負をはじめ、物流に関する業務全般を担っています。普段の仕事では、基本的に商品を受け取るエンドユーザー様とお会いすることはありません。ですが、一つひとつの商品の向こうに「人」がいることを常に意識していて、依頼主様とエンドユーザー様、双方の満足度を高めるために努めています。

当社の雰囲気を一言で表すと、「会社っぽくない会社」です。服装や髪型は自由だし、お互いを必ず名前で呼び合い、肩書で呼ぶことはありません。私はつねづね「社長は一番偉くない」とみんなに伝えてあって、組織全体がフラットにコミュニケーションをとっています。

物流業界は季節ごとに業務量が大きく変わるので、スキマバイトで働ける方を定期的に募集します。一般的に、スポットで雇った方を番号で呼ぶ現場は少なくないのですが、当社は番号で呼ぶことはありません。名前を覚えなくていい呼称は、たしかに会社側にとって楽です。けれど、「一番さん・二番さん」って番号で呼ばれたら嫌じゃないですか。名前って、親からもらった人生で初めての一番小さな贈り物だと私は思います。されて嫌なことをしない。それは、仕事にかかわらず人間関係の基本だと思います。

当社もスキマバイトで働きに来てくれる方が多いのですが、ありがたいことに、その七割ほどがリピーターです。会社が移転しても、わざわざ遠いところから来てくれている方もいます。この会社が好きで働きに来てくれる。本当に嬉しいことです。

急きょ経営を担うことになり、組織改革に取り組む

会社の強みは？　と聞かれたら、私は「人」と答えます。

自分の中で「人が大事」という考えが明確になったのは、ここ数年です。きっかけは、二〇二二年に私が急きょ社長に就任したこと。事業が拡大して人が増える中、関わる方々が「この会社に出会えて良かった」と感じるような会社でなきゃいけない、と思ったのです。そうでないと、従業員や取引先のお客様、アルバイト・パートさんに申し訳ない。

当社には三つの拠点があり、それぞれの所長に「私たちが現場をつくっていくので、後ろから見守っていてください」と、社長就任のときに言われました。私は元々、つい口を出してしまうタイプなのですが、それ以来、自分は一歩引いたところで見ていようと思い直しました。

すぐに組織改革を始めて、最近、ようやく形になってきたように感じます。所長たちの姿は、部下に「この人のために頑張りたい」と思わせるものだし、一生懸命仕事をする部下の姿を見て、上司は「部下が頑張っている。私も負けられない」と思う。そういった良い循環が生まれているのが、後方から見ていて分かります。

自分自身の人生を守れるようになることが成長

私が「社長は偉くない」と考えるのには理由があります。社長の役割は船頭であって、実際に現場を守ってくれているのはみんなだからです。現場のみんなが頑張った結果、会社に利益が生まれ、私が生活できています。むしろ、偉ぶれるわけなんてありません。きれいごとに聞こえるかもしれませんが、独立した頃かなりつらい時期があったので余計にそう思うのかもしれないです。

視点を変えると、目標に向かった筋道や課題に応じた改善策、あるいはお客様との付き合い方も、現場が考えることだと思っています。個々が社長という意識で動いてほしいし、自分を守りたかったら自分が頑張る。本人が頑張ってその分の成果を出すのであれば、私は月収三〇〇万円だって出します。

物流業界もＡＩやロボットの導入に伴い自動化が進んでいますが、結局、それらを駆使するのは人です。これからは、ＡＩやロボットを「コントロールできる人・コントロールできない人」で、役割が明確に分かれていき、仕事の可能性も違ってきます。そういう意味で、自分で考えて行動に移せるようになることが、本当の意味での成長だと思っています。

経営理念「一心不乱」のもと、今を全力で生きる

社会的に流通業界はフォーカスされていますし、現に、この業界に投資する会社は増えています。予算規模の大きい会社は自動化を進め、そうでない会社は人力で仕事をする。私は、その二極化が加速していくと見込んでいます。従業員が自分の人生を考えたとき、他の会社に転職することもいいし、自分で事業を始めることもいいと思っています。いずれにせよ、先を見据えたうえで、従業員本人が自分の人生を守れるような会社にしていきたいと考えています。

私には「一〇年以内に海外に学校をつくる」という夢があります。世の中には、勉強したくても道具や場所がなくてできない人がたくさんいます。そんな人たちが、こんな環境だから仕方ないと諦めないで、自らの可能性を広げるための一助になれたらと考えています。学んだことを生かして、いつか日本に来てもらえたら理想ですね。日本にとどまらず、人と人のつながりを生める事業ができたらと思います。

当社は経営理念として「一心不乱」を掲げています。これは、私が中学生のとき、テニス部の恩師に頂いた言葉です。「一球でも適当に打ったら、今日一日、全てが無駄になる」。恩師は私にそう言いました。

理念には、人生を全力で全うするために、一秒も無駄にしない、という想いを込めています。私たちは、歯車のような受動的な生き方はしない。一人ひとりが自分の人生を切り拓くために、「今」を全力で生きます。

19 オーダースーツ事業を核として多角的に満足を超えた感動を提供

株式会社G-Dress

代表取締役社長兼CEO **野嶽 厚太**

■〒064-0810 北海道札幌市中央区南10条西13丁目 2-10-403
Tel 011-676-5703

■https://www.g-dress.com/

オーダースーツ店「ハーヴィーテイラー」を中心に、FC展開、スーツ関連のアパレル事業を展開している株式会社G-Dress。特にオーダースーツでは、野球界を中心としたアスリートたちをはじめ、経営者層やビジネスパーソンの支持を得て、急速に事業を広げています。

代表取締役の野嶽氏は、野球少年だった学生時代から、究極の「おもてなし」を叶えるリゾートホテルやヴィラを創業したいという夢を持っています。夢のために二十代前半に飲食業で独立。以降、たゆみない努力で道を切り開く野嶽氏に、オーダースーツのビジネスモデルから二十代での起業で得た経験まで、じっくりとお話を伺いました。

究極の「おもてなし」を目指して起業の道へ

私は高校を卒業後、ブライダル・レストラン業界で五年間仕事をしていました。振り返ると、小さい頃から「おもてなし」に興味がありました。学生時代から常に心のどこかで思い描いていたのは「究極のヴィラやリゾートホテルを作れたら」という夢でした。一日一日、毎日が誰かにとっては特別な記念日であるはず。その大切な一日を全力でおもてなしできる場を作りたいという夢が、私の中にはずっとあったのです。

しかし従業員として働いている限り、ヴィラやホテルを創業するなどという夢は叶いそうにありませんでした。そこで、レストラン業界での経験を生かし、地続きである飲食業界で起業する決心をしたのです。

そうして出店したのが、うどん店「うらにわ」です。五〇年以上の歴史がある老舗「うどんの五右衛門」で修業させてもらい、料理人として板場に立ちました。ブライダル業界ではお客様の幸せをサポートする立場でしたが、今度は自分の手でお客様を幸せにする喜びを実感するようになりました。

初めての出店でうどんを選んだのには、戦略的な背景がありました。私は海外でのビジネスにも挑戦したいという夢があったので海外での人気が高まりつつあり、まだラーメンほど市場が飽和していないうどんを選択しました。

しかし、新型コロナウイルスの影響により、海外進出が不透明になったため、この飲食事業は二〇二三年末に、ブライダルの二次会対応を含むノウハウを生かして、満足のいく形でのバイアウトに成功し、一区切りをつけました。

こういった戦略的な視点・思考は、学生時代の一二年間ずっと打ち込んだ野球、特にキャッチャーポジションを務め上げたからこそ得られた面もあるかもしれません。「野球経験がビジネスに生かされている」とは言い切れませんが、野球もビジネスも『戦略』が大切なのです。

勝つ戦いではなく、負けない戦いをすることは野球を通じて学びました。また、大切な友人や人脈が得られましたし、野球は私にとって大切な経験の一つです。

アスリート御用達のオーダースーツ
好きが高じてオーダースーツ事業に参入

そして今全力で取り組んでいるのが、オーダースーツ店「ハーヴィーテイラー」の事業です。

この事業を始めた背景には、ブライダル業界での経験が深く影響しています。当時は毎日タキシードを着ていましたし、列席者の方々のスーツの着こなしを観察する機会が多くありました。この時に、スーツに対する審美眼を磨くことができたと感じています。

もともと、服飾やファッションに対しては情熱をもっており、副業としてスーツショップで働いた経験もあります。スーツに関する基礎知識や技術はそこから学びました。

弊社が業務提携をさせていただいている工房は、スーツ製造の世界最大手の中国企業『大楊創世』です。

ラルフローレン、アルマーニ、バーバリーなどの高級ハイブランドのOEM製造のほか、国内大手『洋服の青山』の高級ラインも担当している工房になります。

品質はもちろんのこと、スピード、価格においてお客様から信頼いただいております。

オーダースーツ事業においても、私の中で人をおもてなしして、喜ばせたいという気持ちは変わりません。お客様が試着される際のわずかな違和感も見逃さず、調整やお直しは無料で承ります。お客様にお金を払っていただく以上、最高の一着を提供したいと思っているからです。

近年、テレワークやクールビズの流行により、スーツ業界は厳しい状況に直面しています。多くの人がカジュアルなジャケットを量販店で選ぶようになり、スーツ業界は右肩下がりの傾向は否めません。

しかし、このような状況の中で、スーツにこだわりを持つ人々がオーダースーツを選ぶという選択肢が一般的になってきたこともあり、市場は二極化しています。昔ながらのテイラーが廃業する中、百貨店が主流だったオーダースーツ市場に新しいテイラーが新たな形で参入してきています。

オーダースーツの価格帯は現在、百貨店であればスタートが一〇万円、中央値で約一三万円といったところでしょうか。私どもの「ハーヴィーテイラー」では、七、八万円の価格帯で約三〇〇〇種類のファブリックの中から選んでいただけます。また、お客様のご予算に応じて、五、六万円台でも、八〇種類程度の選択肢をご用意しています。

スーツは視覚的情報の多い服装

スーツの魅力について深く考えるほどに、特別な洋服であると感じます。スーツは各パーツが独自の雰囲気や意味を持ち、非常に多くの視覚的情報を提供する服装なのです。

例えば、スーツの襟に角度をつけると、華やかさが増し、ドレッシーなイメージやビジネスシーンでの説得力や信頼感を高めることができます。逆に、緩やかな角度の襟を選ぶと、より穏やかで優しい印象を与えます。このように、スーツは着る人の個性や意図を表現する強力なツールであり、そこが深い魅力なのです。

アスリートに愛される「ハーヴィーテイラー」

私たちのオーダースーツ事業では、特にアスリートのお客様が多くを占めています。この特別な客層に対応できるようになったのには、あるきっかけがあります。それは、日本ハムファイターズのプロ野球選手である高校時代の同級生が、当店でスーツをオーダーしてくれたこと。彼が「着心地が良い」とチーム内で評判を広めてくれた結果、侍JAPAN代表選手をはじめとする多くのトップアスリート選手たちが、私たちの顧客になってくださいました。契約更改やセレモニーなどの重要な場面で「ハーヴィーテイラー」のオーダースーツを着こなしてくださっています。

アスリートの方々は、日頃から鍛え上げられた特殊な体型をしているため、既製品のスーツではサイズが合わないことが多いです。きっちり採寸して工房にオーダーを出しても「本当にこの数字で合ってる？」と確認の電話がかかってくることがあるほどです。特にプロ野球選手のように、肩幅と腰幅が広い方の場合、既製品を選ぶとウエストや足首がダボダボになってしまい、見栄えが悪くなりがちです。

これは、スーツが体に程よくフィットすることがスタイルを良く見せる秘訣であるためです。実際、正確に体に合わせたスーツは、フィットしているにもかかわらず動きやすく、快適な着心地になるのです。これを実現するには、肩幅やアームホールをぴったりと合わせ、胸周りやウエストの着心地を確かめるなど、細かい部分に注意を払い、体にバランス良く添うように仕立てる必要があります。

もちろんアスリート専用のスーツを仕立てるには、特有のノウハウが必要です。普通体型の人用のスーツを仕立てるのとは異なり、アスリート専門に取り組むには経験と技術が求められます。

私が初めてアスリート用のスーツを仕立てたのは、ある柔道家の方でした。柔道家の方ですから、採寸値はびっくりするほどの規格外。どのようにお仕立てするべきかしばらく悩み抜きました。結局、工房のベテラン社長と協力しながら、その方の体に美しくフィットするスーツを仕立てることができました。この経験が自信となり、それ以来、数百着のアスリート向けスーツを作り続けています。私たちが仕立てたスーツで、アスリートの方々の重要な瞬間に寄り添えることは本当に幸せですね。

トレンドを取り入れた提案も

他に、ファッションを楽しむお客様や、服装を通じて意味やクラス感を表現したい方々からもご支持をいただいています。特に営業職の方々は、服装にも気を遣われる方が多いもの。日常的に使えるカジュアルなスタイルから、ビジネスの会食や契約を結ぶ重要な場面でのフォーマルな装いまで、幅広いニーズに応えるスーツをお作りしています。

一方で経営者層の方は、採寸だけで「あとは任せるよ」の一言でオーダーを終えられることもしばしばあります。テイラーとしての腕の見せどころでありながら、やはり頭を悩ませますね。例えば、お客様から「二着お願い」と言われた場合には、トレンドをさりげなく反映したデザインと、ベーシックなデザインの組み合わせを提案するなど工夫します。例えば二〇二四年のトレンドは大きめのチェック模様。このトレンドを大人っぽく暗めの色合いで上品に取り入れて提案するなどして、お客様の期待を超えるよう努めています。

ビジネスにおいて情報伝達ツールとして優秀なスーツをオーダーで作っていただくことで、失敗の可能性すら無い状況を作り出すお手伝いをしております。

「これまで作ったスーツの中で最高」

最も重要視しているのは「お客様が実現したいイメージに沿ったスーツを作る」ことです。プロフェッショナルとしての提案は行いますが、逆説的に言うと「私が作りたいスーツを作らない」ことは肝に銘じています。

ですから、お客様とのヒアリングには時間をかけ、じっくりと要望を伺います。私の役割は、お客様の個性や好みを引き出し、それを形にすることにあります。特に成人式など特別な日のためのスーツをオーダーされるお客様には、ご自身の夢や希望を思い切り反映させつつ、最終的には洗練されたスタイルに仕上げるよう調整しています。

数年後、二〇歳の時に作ったスーツを見て『あの時このデザインにしたな』と当時の記憶が蘇る。そのようなスーツをお届けできたら本望です。

ありがたいことに、私どものスーツの着心地は評価が高く、多くの紹介をいただいています。「これまでに作ったオーダースーツの中で最高」というお言葉は嬉しかったですね。スーツは納品して終わりではなく、お客様の袖を通ってからスーツの物語がスタートすると思い、素敵なスーツを今日も仕立てます。これからも技術を磨き、さらに多くのお客様に喜んでいただけるよう努めていきたいと思っています。

悔しい思いもあった二十代前半での起業

二三歳での起業は、私にとって多くの挑戦と学びの連続でした。何より悔しかったのは、融資を求めて銀行を訪れても、ほとんどの場合、真剣に取り合ってもらえなかったことです。事業計画書を提出しても「見ておきますね」と言われるだけで、その後の音沙汰もない。

若さが時には強みとなることもありますが、この場合には明らかに不利に働きました。しかし、このような経験があってもなお、私は二十代で起業してよかったと感じています。本当に自分の人生について深く考え、方向性を決めることができるのは自分自身だけです。現状に満足できないなら、自分で選んだ道を進む勇気を持つこと、新たな挑戦をすることで自分が納得できます。もちろん大きな責任が伴いますが、それを乗り越えた時の達成感や充実感は格別です。

起業の一歩を踏み出すにあたって、私は多くの先輩から支援を受けました。経営の知識やマネジメントスキルなど、先輩たちは自分の経験を惜しみなく共有してくれました。人とのつながりが新たな可能性を開くのだと実感し、ひたすらありがたかったです。二十代での起業は私にとって一つの大きな転機でしたから、今度は私自身が後進の若い起業家たちにとって、勇気づけられるような存在になりたいですね。

オーダースーツの全国展開を目指して

現在は従業員八名。事業の責任も規模も増してきました。特にオーダースーツ事業「ハーヴィーテイラー」においては、さらなる発展を目指して力を蓄えているところです。全国展開を実現することを念頭において、フランチャイズモデルの導入がスタート。

FCオーナーは業界最大手の工房と直契約を結べるということで、余分なロイヤリティなどのコストカットが見込める新体制です。

月額二万五〇〇〇円でオーダースーツビジネスがスタートできる仕組みを作り上げました。

採寸研修、二四時間相談可能、集客サポート、採寸会実施などサポート体制も充実しています。加盟店は新規事業で導入された会社、サラリーマンの副業、学生での起業で、合わせて一〇〇社以上となり、そのほぼ全てが初月から黒字化しました。

新規事業・副業・起業の幅をこれからも広げていきたいと思っています。

飲食事業は納得のいく形でバイアウトし、オーダースーツ事業を中心に据えた企業グループとして成長させていく計画です。こうした多角的な事業展開を通じて、より強固な事業基盤を築くことを目指しています。

そして、私の究極の目標、リゾートホテル・ヴィラを建設することには、ずっと目線を合わせています。これは、私が学生時代から長年抱き続けてきた夢であり、おもてなしの精神を体現すること、お客様に最大限の喜びを提供することの最終形です。この夢を実現するために、現在のオーダースーツ事業をはじめとする各事業を成功させることが、今の私にとっての最優先事項です。

これからも、お客様に喜んでいただけるサービスの提供を追求し、着実に一歩一歩足元を固めて進んでいきたいと思います。そしていつの日か、夢を実現し、こちらを読んでいただいている読者の方と究極のおもてなしリゾートホテル・ヴィラでお会いできる日を楽しみにしております。

20 施工品質の向上の取り組みを徹底し、建築業界の健全発展を目指す

株式会社住まいるリフォーム

代表取締役　高橋　昌稔

■〒438-0081　静岡県磐田市緑ヶ丘９－１

Tel 0120-914-658

■ https://s-reform1.co.jp/

株式会社 住まいるリフォームは、静岡県磐田市に本社を構える、住宅塗装を得意とするリフォーム会社です。主な事業内容は住宅塗装工事ですが、他にも外壁・屋根の葺き替え工事や水回りのリフォーム、内装工事なども手掛けています。特に外壁・屋根塗装工事に定評があり、累計実績は二五〇〇棟以上に上ります。高橋代表が掲げる「建築業界の健全発展を目指す」という想いのもと、圧倒的な施工実績と数々の受賞実績を誇る企業です。

建築業界の健全発展を目指して、施工品質の向上に取り組む

当社の経営理念は「建築業界の健全発展を目指し、職人仕事を通じて住まいに笑顔を提供する」です。しかし、残念ながら建築業界はトラブルが多い実態があります。たとえば消費者センターへの建築業者に関する相談は年間六〇〇〇件以上。私たちは、建築業界全体を健全にしていくために牽引役を担いたい。そして社名の「住まいるリフォーム」にもあるようにリフォームで住まいに笑顔を提供したいという想いから経営理念を定めました。

建築業界では、言葉でのやり取りや取り決めが多いため「言った言わない問題」などのトラブルが起きてしまいます。言葉のやり取りだけでは、人によって考え方や感覚にズレが生じてしまうため、違った受け取り方になってしまいお客様に対して同じ品質のサービスを提供できません。

それを防ぐために普段から気をつけていることが書面でのやり取りと確認などの徹底です。確認作業は、書面はもちろんＩＴツールを用いて確認を行うことで見間違い・聞き間違い・言った言わない問題を防止しています。

第三者機関に調査を依頼した施工実績では、地域でナンバーワンの証明をいただいております。さらに「こだわり職人グランプリ賞」「住宅塗装ベストデザイン賞」「お客様満足度ＮＯ．１賞」などといった賞も数多く受賞しました。口コミでも高い評価を頂いており社員一同、とてもうれしく思います。第三者機関からの評価は社員のモチベーション向上につながり、確かな証拠になるためお客様からの安心と信頼につながりますので今後も受賞できるようにお客様にご満足いただけるサービスを提供していきたいと思っています。

マニュアル整備による施工品質の均一化

私が力を入れて取り組んできたことがマニュアル化の整備です。それまで職人の感覚に任されていた部分が多かったため、施工の品質にバラツキがあるという問題がありました。また人の感覚に頼った作業だと具体的な指示が難しく、職人の育成の面でもデメリットがあります。一人前の職人になるまでの育成期間に時間がかかってしまうのです。

マニュアル化では、これまで人の〝感覚〟で行っていたことを言語化・数値化しました。

たとえば一現場を作業ごとに分けて各作業の注意点や確認事項を具体的に設けてチェックしていくことによって、現場ごとの確認不足を防ぐことができます。数値化では、材料の作り方や注意点を具体的に数値化することによって誰でも同じ品質で材料を作ることができるため、材料による不具合を無くすことができます。施工条件も同様、人の感覚ではなくこの条件なら施工ができる、できないを言語化と数値化することによって施工時の不具合を無くすことができます。

マニュアル化をすることによって、誰がやっても同じ品質を実現できるようになります。また職人育成面では、教育者によって伝え方が異なると受け取り方が変わってしまうため、教えられる側は混乱するという問題が解決できました。施工マニュアルで指示することにより育成方法と施工品質の統一化ができ、効率的な職人育成が可能になりました。

各メーカーの仕様書はありますが、それとは別に職人の作業工程のマニュアルを整備し、施工品質の均一化を実現したのは業界でもかなり希少な取り組みです。なおマニュアルは定期的に見直しをしています。

品質へのこだわりを追求し、二四歳で独立・企業

学校卒業後、建築塗装業の仕事に就職しました。担任の先生から勧められたこともあり

ますが、私は元々ものづくりが得意で将来の目標も明確だったため就職を決意しました。最初は塗装の仕事がメインでしたが、大工作業や足場工事なども経験させてもらいました。

最初は、いくらお客様のために丁寧な仕事を心掛けても、年齢が若いため未熟者扱いされてつらい思いもしました。しかし、それを払拭できるように自分が施工した仕事に誇りを持てるよう、どんなことがあっても丁寧な仕事をすることにこだわりました。やがて私の仕事ぶりが周囲に認められるようになったのです。

そして若くして親方を任せてもらえるようになり、職人への指示や段取りなどの管理職を行うようになりました。この頃の経験が、現在の会社の経営理念やこだわりなどに生きています。

その後、二〇一〇年に独立・起業。二四歳の時でした。最初は個人事業主としてスタートし、二〇一五年に法人化。二〇二四年で創業一四年目を迎えることができました。

会社員時代、私がこだわっていたことは見えない細部までしっかりと施工すること。そしてその精神が全ての工程、仕事に生きているのだと思います。施工品質に対するこだわりが強かったのです。ただ会社員ですので工期や予算といった制約も多く、こだわりたくても妥協せざるをえないこともありました。そんなときに会社の社長から、「自分のこだわりを大切にしたいなら、独立してみてはどうか」と勧められたのです。それがきっかけで、独立を決意しました。

施工管理体制や材料選定・保証体制による施工品質の担保が強み

マニュアル整備以外の当社の強みとして、施工管理体制があります。当社の施工管理は、三名体制です。現場の親方に加え、第三者目線で管理する施工管理者、そして営業担当者も管理に加わります。親方・施工管理者・営業担当者の三重の管理により、品質の保持に努めているのです。管理者が多い気がしますが、品質を担保するためには必須な業務だと考えています。

次に材料の選定です。価格競争ではなく品質勝負。上塗り塗料だけ良い材料を使用するのではなく、下地処理に使用する材料から上塗り塗料まで全て高品質な材料を使用しています。また、業者によって提携メーカーの「推し商品」があることが多いのですが、当社では推し商品だからお勧めするということはしません。そして、お客様の人生設計において必要以上に高品質のものを選定するわけでもありません。

当然、高品質な材料ばかりを使用すれば工事金額も上がってしまいますので、あくまでもお客様の人生設計に合わせて複数の工事プランを作成しご提案します。しかし、その時に気をつけているのが「なぜこの材料が必要なのか」という理由の説明を分かりやすく行うこと。そのときにポイントとなるのは費用対効果の説明です。「安くて長持ちするものがいい」と思われるのは当然のことですが、値段と効果が合っていればお客様に納得していただけます。

また磐田市内に、ショールームを設けているのもポイントです。説明しながら施工事例を確認できたり、実際の塗料の色を見ることができたり、モニターでお家のカラーシミュレーションもできたりします。カラーコーディネーターの資格を持つスタッフがおり、お客様の要望に応じて具体的にアドバイス。プロの助言のもと、実際に聞きながら目で確認することで安心して選べるのが強みです。ちなみに外壁塗装・屋根専門ショールームは、磐田市内で初です。

もうひとつ、当社の強みになっているのが保証体制です。プランによって色々ありますが、たとえば施工一年後・三年後・五年後といった具合で定期訪問を実施。訪問時に点検を行い、もし不具合が発見された場合は無償で修理対応をします。

保証は当社の施工品質に対する自信の証拠です。そして、住宅は暮らしに関わる大切なものなので改修費用のお金もかかります。お客様が安心して当社に任せられるようにしたいという思いが、保証体制に力を入れる理由です。

当社は「安いから選ばれる」という価格競争はしません。あくまでも品質の良さで勝負します。高品質を担保することによりお客様の信頼を得て、お客様に選ばれたいと思っています。

住宅だけでなく、法人様へ向けた大規模修繕事業の拡大

法人営業は、工場や事務所、マンションなど法人様に向けた大規模修繕工事です。塗装業では高い施工品質を求められる住宅の改修工事で培ってきた技術とノウハウを大規修繕にも生かしたいと思い、当社も二〇二三年より法人営業に力を入れることになりました。

大規模修繕工事は、住宅塗装工事と行う作業自体は似ていますが、求められているものや提案方法、段取り、施工方法など異なることが多くあります。また、法人様の場合は職場であるため、建物の美観性や機能性だけでなく生産性向上にもつながってくるのです。

当社では、今まで培ってきた提案力・施工品質・管理体制・保証制度などが法人営業でも活かすことができます。住宅とは違い規模の大きさや長期的な取引になることが多いため、リスクや負担も大きくなりますが、現在では少しずつ法人営業のお客様も増えてきており成果が出てきていますので、今後も個人・法人営業ともに当社の強みを生かしてお客様にご満足いただけるサービスを提供してまいります。

今後はフランチャイズ展開により建築業界全体の健全発展を目指す

当社は静岡県磐田市に本社を構えている他、市内にショールームや愛知県名古屋市にも

支店があります。地域密着型企業として展開しております。

今後はフランチャイズ展開を考えており、将来的には全国展開もしていく予定です。

私たちは建築業界にいる一企業として、一部の悪徳業者による施工内容と合わない高額な工事代金請求や手抜き工事による被害などをなくしていきたい。

工事依頼者側も悪徳業者から植え付けられた間違った情報により、過度な値引き交渉やサービス工事要求をするようになってしまい、結果的に手抜き工事や業界問題でもある職人単価が上がらない要因の一つになっています。そのため、正しい情報発信をしていくことで消費者が正しい選択をできるようにしていきたいと思っています。

本来であれば職人はかっこよく誇らしく憧れる存在です。しかし、3Ｋや悪いイメージの強い業界でもあるため、本来の職人としての素晴らしさよりも悪評が目立っているのが現状です。

だからこそ私たちが上記のことを改善させて健全発展を目指すことで、職人が胸を張って自分を誇れる、後世の人たちの憧れる存在となるように変えていくことも、私たちの使命だと思っています。

しかし、自社だけで業界の健全発展を目指すにはどうしても時間と限界があります。当社の理念に共感していただける企業にフランチャイズとして協力していただき、私たちのサービスを全国へ提供していきたいと考えています。また、フランチャイズ展開の際は私たちが培ってきた経験とノウハウを生かしていくことができます。

当社の経営理念にある「建築業界全体の健全発展」を目指す同業者は、他にもいるはずです。同じ理念を掲げる仲間と手を取り、一緒に建築業界をより良い業界にしていきたいと思っています。

ライター

紺野 天地／上芝 舞子／堀行 丈治／植野 徳生／淺野 陽介

経験思考

注目のSMB経営者20名の経験“知”が切り拓くニッポンの未来

2024年6月30日　初版第1刷発行

編　者　SMB企業調査実行委員会
発行者　瓜谷 綱延
発行所　株式会社文芸社
〒160-0022　東京都新宿区新宿1－10－1
電話　03-5369-3060（代表）
03-5369-2299（販売）

印刷所　株式会社フクイン

ISBN978-4-286-25785-3